U0147285

故纸重光

掩卷再闻故纸声

魏成光　郑妙苗／编著

阿风　于丽英　魏成光　郑妙苗　郝鑫　唐子阳　马雪艳／撰写

GUANGXI NORMAL UNIVERSITY PRESS

广西师范大学出版社

·桂林·

故纸重光：掩卷再闻故纸声
GUZHI CHONGGUANG:YANJUAN ZAI WEN GUZHISHENG

出版统筹：汤文辉　　　　　　　助理编辑：杨　磊
出品人：乔祥飞　　　　　　　　责任技编：王增元
责任编辑：王　琦　　　　　　　书籍设计：田　洁

图书在版编目（CIP）数据

故纸重光：掩卷再闻故纸声 / 魏成光，郑妙苗编著；
阿风等撰写. -- 桂林：广西师范大学出版社，2023.12
　ISBN 978-7-5598-6503-8

　Ⅰ. ①故… Ⅱ. ①魏… ②郑… ③阿… Ⅲ. ①契约—
文书—研究—华北地区 Ⅳ. ①D927.203.6

　中国国家版本馆 CIP 数据核字（2023）第 205423 号

广西师范大学出版社出版发行

（广西桂林市五里店路 9 号　邮政编码：541004）
网址：http://www.bbtpress.com
出版人：黄轩庄
全国新华书店经销
北京博海升彩色印刷有限公司印刷
（北京市通州区中关村科技园通州园金桥科技产业基地环宇路 6 号
邮政编码：100076）
开本：880 mm ×1 230 mm　1/32
印张：5　　　字数：116 千
2023 年 12 月第 1 版　　2023 年 12 月第 1 次印刷
定价：78.00 元

如发现印装质量问题，影响阅读，请与出版社发行部门联系调换。

目录

清代前期山西省土地交易税契凭证的演变

——以清华大学图书馆藏山西文书为中心

很早以来，中国就对于田宅、人口、牲畜等交易行为征收契税。《周礼·地官》中提到市场交易时有"质布"与"质剂"，应该就是与税契有关的凭证。三国走马楼出土吴简提到了三国时期人口买卖时要"收责估钱"，"估"就是交易契税。[1]晋室南渡之后，规定奴婢、马牛、田宅交易，需要输"估"，税率是4%。不过，在古代，契税作为"课程"的一种，是国家财政收入中的杂项，与田赋正项相比，数额有限，而且不固定。同时，强化契税征收常常被认为是与民争利的行为，"其实利在侵削"[2]。在清朝初年，作为土地交易税契凭证——契尾——的颁行机构并不统一，各省有布政使司颁发契尾，有巡抚颁发契尾，还有巡按税票，等等。到了康熙四十三年（1704），根据浙江道御史王玮条奏，田房契税统一使用布政使司颁发的"契尾"[3]，不过，这一政策在具体执行过程中，还是有很多变化。因此，是否能够发现这一时期的"税契凭证"至关重要。

目前，有关山西地区的土地交易税契凭证虽然有大量发现，但目前较早的也只是乾隆二年（1737）的契尾[4]。至于顺治、康熙、雍正年间的税契凭证并不多见。2020年9月，笔者跟随清华大学图书馆的工作人员，在山西襄汾县的一家农户中，整理他们收购的契约文书，户主王雄杰拿出一些他们珍藏的"官契"给我们欣赏。在他们看来，凡是盖有官印的契约，就是"官契"，包括盖有官印的白纸契约、官版契纸、税契凭证等，至于它们之间是否有区别，并不重要。其中有两件契约非常重要，一件是《康熙五十二年（1713）襄陵县税契票》，另外一件是《雍正十二年（1734）（孝义县）山西布政使司官版契纸》等，透过这两件文书，可以了解清朝初年山西地区土地交易税契制度的演变过程。

一、康熙五十二年（1713）襄陵县税契票

《康熙五十二年(1713)襄陵县税契票》印刷相对简陋，只有版框，没有花栏。（图1）同时只押有县印，因此肯定不是当时法定的"（布政使）司颁契尾"，而是由襄陵县颁发的县印税契票。

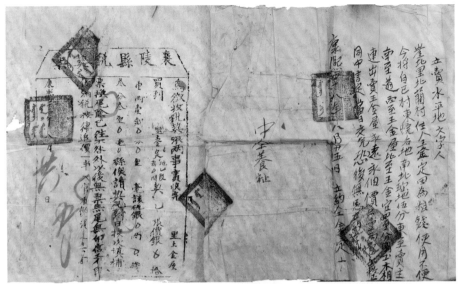

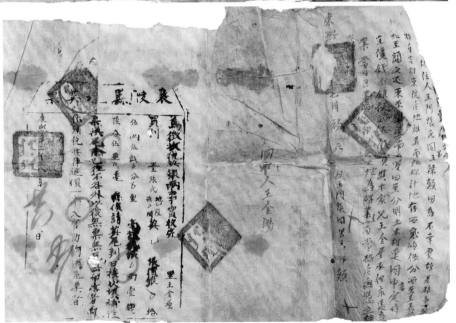

图 1 《康熙四十八年（1709）八月王金定立卖水平地红契》附《康熙五十二年（1713）襄陵县税契票》

这张襄陵县颁的税契票粘连在《康熙四十八年（1709）八月王金定立卖水平地红契》的尾部，中间骑缝斜押"襄陵县印"。因为通常粘连于契约尾部，故税契凭证又名"契尾"。在这张税契票中，记录了当时土地交易税契征收的情况：

> 为征收税契银两事，实收完　里王金屋买到　里王金定地乙段、房厶间，契乙张，价银厶拾壹两壹钱厶分厶厘　毫，该税银厶两厶钱叁分叁厘厶毫厶丝。俟请契尾到日，挨次填补，票换尾。除已往不咎外，以后无票、无尾、无印信者，即系漏税。按律追价一半入官助饷。须至票者。
>
> 康熙五十二年八月廿六日

"票"是当时官府的下行文书，同时也具有"凭证"性质。这张"税契票"应该是由县里统一刻印的官版税契票，天头自右向左横印"襄陵县税契票"6个大字，契尾的"编号"竖写在天头中部，其与官府留存的"号簿"骑缝书写，然后斜押县印。"税契票"中保留了编号的半字与半印，不过，编号已经漫灭，难以识读。版框中预先刻印一些通行的文字，比如"为征收税银两事""价银""税银"等。当事人交纳契税时，将名字、数额等依式填写至其中的空白处就可以了。

"税契票"采用的是下行公文的格式，"为征收税契银两事"表明这张"票"的功能。接着书写某里某人购买土地、房屋的段数与间数、价银与税银的数量。这里土地的价银是1.1两，税钱是0.03

两，税率约为3%，这也符合清朝土地交易税契时通行的三分税率。

在"税契票"的后半部分，还刻印了一段文字："俟请契尾到日，挨次填补，票换尾。除已往不咎外，以后无票、无尾、无印信者，即系漏税。按律追价一半入官助饷。"通过这段文字可以看出，这张"襄陵县税契票"其实是一个临时的凭证，如果布政使司发下正式的契尾，则要持有"税契票"，到县府换成"司颁契尾"。同时明确规定，如果没有"税契票""契尾"，或者契约上没有官印，那就等同"漏税"。除了补税，还要追补土地交易的价银一半入官，用来助饷。

因此，这件"税契票"应该是当时法定的税契凭证——"司颁契尾"——颁发不及时的情况下，地方政府采取的一种变通措施。从法律效力来说，与"契尾"等同。不过，如果使用县印税票的话，布政使司就不能完全掌握实际的税银征收情况。因此，县印税契票中明确规定将来要"票换尾"。当然，这张"襄陵县税契票"后来并没有换发"司颁契尾"，而一直遗留至今。

二、雍正十二年（1734）（孝义县）山西布政使司官版契纸

清朝雍正五年（1727）九月二十五日，河南总督田文镜上奏税契之法，提出改革田宅交易契尾制度。[5]他认为，传统的"（布政使）

司颁契尾"，粘连民间契约，"钤盖缝印"，似乎很完美，但实际上弊端甚多：第一，"契尾"本身有"刊刷、纸张、用印、油红之费"，还有"差役路费、司胥饭食之资"，所以州县在征税时，"每张契尾勒索三五钱不等"。而小民零星交易，正税不过数厘，"而买此契尾且逾百倍"，所以"宁甘漏税之愆"；第二，每契必用布政使司颁契尾，州县官员则无从隐匿税银，所以州县官领过一次用完之后，不肯再领，只于契上盖印，或者用朱笔在契内标注"契尾候补"，以脱逃契税；第三，因为"契尾价贵"，因此有"税银五两以上者，方给契尾之陋规"，"其余概于契上用印"。结果就是，官民各方均避而不用，使契尾"为可有可无之物"。

正是布政使司契尾"有此数弊"，田文镜提议，从雍正六年（1728）开始，民间买卖田房、山场等，"概不许用白纸写契"，也不再发给布政使司契尾，而是行用布政使司颁发的"契纸契根"。所谓"契纸契根"，就是借鉴征收夏税秋粮的"连根串票式样"，"刊刻契版、刷印契纸"，"每契一纸，用一契根"，"中空一条，编填字号"，钤盖布政使司印，形成了官版契纸与契根。再将契纸"连根封固，从铺递发给州县，不必经司胥之手"，并将发过契纸契根数目，"报明督抚查考"。州县接到契纸契根后，将"契根"裁存，而将契纸发到各纸店，听民间按每纸 5 文的价格买用。民间交价立契后，赴官纳税之时，契纸送入州县，"发房照契填入契根"，钤印后将契纸发回给纳户，契根则在解送契税时一并送到布政使司核对。

对于田文镜的提议，雍正皇帝批示如下：

税契一事，指陈利弊，可谓剖析无遗。但朕自践阼以来，为百姓兴除之条，陆续颁发者难更仆数。各省督抚中或因循观望而敷宣不力，或竭力遵循而施措未遑，所以壅积者多，通行者尚少。今契纸之议名为税课，有赋敛之嫌。且遍行直省，一体更张，而天下督抚尚未尽得称职之人，州县半属初任新吏，恐奉行不善，办理乖违，徒滋纷扰耳。将此折发回存留尔处，俟后相度时宜，有可行之机，具奏请旨可也。[6]

雍正皇帝虽然非常赞同田文镜对于以往税契弊端的分析，不过，当时出台了很多改革政策，如果再更税契之法，恐怕地方官"奉行不善"。而且田文镜的税契之法，也有"赋敛之嫌"。雍正皇帝没有立即答应田文镜的奏请。不过，三个月后的雍正六年正月，雍正皇帝还是下旨，"准河南总督田文镜之请"，"饬令直隶各省布政司将契纸、契根印发各州县"[7]。随后"契纸契根"制度通行于全国。

王雄杰收集、清华大学图书馆收藏的《雍正十二年（1734）（孝义县）山西布政使司官版契纸》就是契纸契根制度推行后印刷的布政使司契纸。（图2）

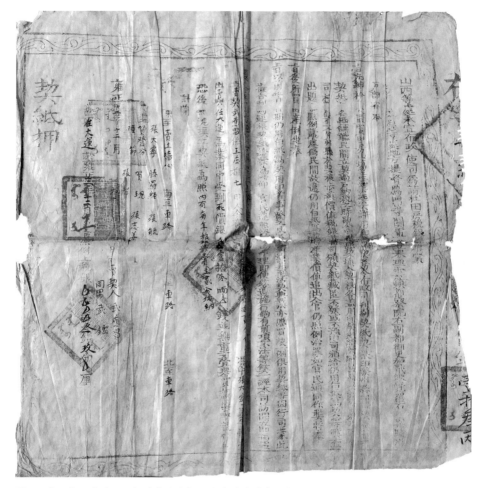

图 2　雍正十二年（1734）（孝义县）山西布政使司官版契纸

　　这张布政使司契纸，有版框，但没有"天头"[8]。契纸的右边
与契根相连，上半部斜押"山西布政使司官"一颗，存半。下半部
正押"孝义县印"一颗，存半。版框右半部分印刷了契纸契根之法
的颁行过程与具体的实施方案：

　　　　山西等处承宣布政使司为请杜田房税银等事。蒙巡抚山西

太原等处地方、提督雁门等关军务、兼理云镇、都察院右副都
御史加贰级觉罗石（麟）　案验：准户部咨：奉旨：凡绅衿民人
置买田房、山场、产业，概不许用白纸写契，饬令布政司刊刷
契纸契根，印发州县，裁存契根。将契纸发各纸铺，听民间立契、
过户、纳税之时，即令空处照契填入契根，各盖用印。契纸给
发纳户收执，其契根于解税时一样解司核对。□□州县于契根
上填价值税银。若将司颁契纸藏匿不发，或不预申司颁给，仍
用白纸写契等弊，查出题参，照例议处。倘民间故违，仍用白
纸写契者，产业、价值追出入官，仍照例治罪。如官民通同作
弊，将奉旨后所买田产倒坐奉旨以前年月日期，仍用白纸写契
用印者，事发之日，官民一体治罪。至活契典业，亦照买契一
例俱用契纸。等因。行司，蒙此。拟合刊刷连根契纸给发。为此，
仰官民遵照咨文内事理，即便钦遵施行。倘有前项不法等弊，
一经本司访闻，立即□□题参。官民一□从重治罪，决不宽贷。
须至契纸者。

　　山西布政使司根据山西巡抚案验的户部咨文，要求禁止"白纸
写契"，由布政使司"刊刷契纸契根"，印发州县使用。相对于田
文镜最初的建议，户部又制定两点补充规定：第一，对于可能出现
将立契时间倒写为奉旨以前以规定契纸契根的行为，如果发现，要"官
民一体治罪"；第二，明确"活契典业"与土地买卖一样，也都要
使用"契纸契根"。

　　在契纸的左上部，刻印有大字"契纸押"，左侧下部则刻印了
有关契纸费用的规定。

契纸押

每契壹张，卖钱伍文解司。以为油红纸张之费，毋得多取，苦累小民。

契纸的中部则是依式填写的契约：

立卖契武应昌，系王庄都七甲人，今有自置□□□□地贰亩贰分伍厘，凭中张大宁□□，立契出卖与任大运为业，同中受到死价银厶壹拾叁两厶钱，并无重叠典卖，亲邻争执情弊。恐后无凭，填立契纸为照。内有每年粮银与卖主贰分均纳。

计开

东至卖主墙心　南至车路　西至车路　北至车路

张大宁　滕罗经　张毓

中见　贺登分　贺璁　张志善

陆节　张智

雍正十二年十二月初十日立卖契人武应昌

同男武鉴

业户在大运，于雍正十二年十二月十一日照例上税银厶厶厶厶叁钱玖分厶厘

其中包括"立""系""都甲""凭中""恐后无凭，填立契纸为照"等文字都是事先刷印好的文字，而"武应昌""贰"等人

名或数字等则是依式手写填入的文字。年月日处正押"孝义县印"两颗，价银、税银处斜押"孝义县印"一颗。这里价银 13 两，税银是 0.39 两，税率 3%，符合清初以来土地交易法定的三分税率。

雍正六年开始推行的"契纸契根"制度，实际上取消了元代以来通行的"契尾"制度，将契纸与税契凭证（契尾）合一。契纸与契根借鉴了明末开始出现的田赋"串票"骑缝式样，有契纸，有契根，可以核对，并降低了"契纸"的成本，从而确保契税的征收。作为一种相当严密的税契制度，契纸契根是清朝田宅交易税契制度的创新。

不过，雍正六年开始的契纸契根之法在推行过程中，又有"不肖州县官役，将契根藏匿，不令上税之人亲填。于收税之后，起解税根之时，任意更换户名，短填银数，仍肆侵隐。民间偶有争讼，呈验契纸，比对底号，常至互混不明"[9]。雍正十三年（1735）十二月，乾隆皇帝即位后不久，正式废止契纸契根之法。

> 禁契纸契根之法。谕曰：民间买卖田房，例应买主输税交官，官用印信钤盖契纸。所以杜奸民捏造文券之弊，原非为增国课而牟其利也。后经田文镜创为契纸契根之法，预用布政司印信，发给州县。行之既久，书吏夤缘为奸，需索之费，数十倍于从前。徒饱吏役之橐，甚为闾阎之累，不可不严行禁止。嗣后民间买卖田房，着仍照旧例，自行立契，按则纳税。地方官不得额外多取丝毫。将契纸契根之法永行禁止。[10]

清初以来，田宅交易契税一直被看成国课的重要组成部分。雍正皇帝虽然认为田文镜提出的"契纸契根之法"有"赋敛之嫌"，但还是推行了这项政策。乾隆皇帝即位之初，却认为征收田宅契税"原非为增国课而牟其利也"，这实际上是否定了清初以来的田宅交易税契政策。同时，他认为契纸契根之法，"书吏夤缘为奸，需索之费，数十倍于从前"，故而将"契纸契根之法"永行禁止。乾隆皇帝采取这项措施应该是其即位之初采取的一项赋税减免政策[11]。

山西汾阳保存了《雍正七年（1729）汾阳县鲁存义卖地红契》附有《乾隆二年（1737）契尾》，就是契纸契根制度被废除后恢复的旧式契尾，其内容如下（标点略有改动）：

山西等处承宣布政使司为请复契尾之旧例以杜税征厘事。蒙巡抚山西太原等处地方、提督雁门等关军务、兼理云镇都察院右副都御史纪录柒次觉罗石案验：准户部咨：广东司案呈：户科抄出本部题覆广抚杨奏前事，仰司官吏查照咨案，奉旨内事理钦遵，即便转饬各属查照旧例，复设契尾。由司编号给发该地方官，粘边民契之后，填明价值银数，钤印给发，令民收执弁，严禁书吏不得借端勒索，致滋扰累。仍将用过契尾，每于岁底都司查核，所收税银，饬令尽收尽解。倘有隐匿不报情弊，即行查明，详请题参施行。等因。蒙此。合行刊刻司尾，编号印发。为此。仰本县官吏即将置买田宅人等，仍照旧例，凡契必税，税必用尾。如有契而无尾者，法与不税者同。其税例每两以叁分为准，不得参差。地方官将司颁契尾粘连民契之后，填明价值银数，照号印给，令民收执，并将价银及税银登报循环簿内，按季尽数解司，于奏销时将用过契尾、收过税银，挨号造册，送司查核，并饬令民间随置随税，不得延挨月日，以杜隐漏。务必壹契一尾，不许壹契粘连贰尾。若有税契而无司尾者，即系诈伪，依律究罪，田产全没充饷。如有税多报少、收多解少者，察出定行详请题参，官役从重究治不贷，须至尾者。

计开：业主鲁存义置买殷光亮地，价银贰两，纳税银陆分。

右给付鲁存义。准此。

汾阳县

乾隆二年三月廿日　承

契尾（大字）[12]

这件契尾所引的户部法令提到乾隆元年（1736），根据广东巡抚杨永斌的提议，正式恢复了雍正六年以前的"布政使司契尾"。户部在制定的法令中明确提到"严禁书吏不得借端勒索"，应该就是针对"契纸契根"行用过程中的"书吏夤缘为奸"一事采取的对应措施。

不过，恢复"布政使司契尾"之后，田文镜提到的契税弊端仍然存在。乾隆十二年（1747）四月，皇帝就针对四川地方隐漏契税一事发布上谕：

谕军机大臣等。闻得四川省办理田房税契一事，地方有司，往往分别银数多寡，少者即行侵蚀，不给契尾。向来民间买卖，

例由布政司颁发契尾，与业户收执为据。不惟杜隐漏之弊，亦
所以息争讼之端。岂可任不肖之员，侵欺舞弊。可传谕纪山，
令其查办。[13]

办理田地税契之时，如果契税额度太少，地方官往往不给契尾，
侵蚀税银，亦会造成诉讼纷争，这正是田文镜当年所列出的布政使司
契尾的弊端之一。到了乾隆十四年（1749）十二月，根据河南布政
使富明的条奏，清朝政府又推行骑缝契尾制度。下面就是乾隆十七
年（1752）十二月山西汾阳县契约中所收的《乾隆十七年（1752）
发给业户郝世富契尾》，其中记录了乾隆十四年（1749）以后新式
的山西布政使司契尾颁行过程：

山西等处承宣布政使多　为遵旨议奏事。案蒙前领侍卫内
大臣、兵部右侍郎、巡抚山西太原等处地方、提督雁门等关军务、
监理云镇都察院右副都御史、兼管提督印务纪录一次阿　案验，
准户部咨，河南司案呈，本部议复河南布政使富明条奏，民间
置买田产将契尾粘连，用印存贮，申送上司查验一折。奉旨该
部议奏：臣等查裕课固在察吏而别弊，要归宜民。如民间置买
田土产，例用司颁契尾，粘连民契，令民收执，其来已久。前
于乾隆十二年五月内经安庆巡抚潘思榘奏称，民间置买田产，
自用契尾以来，民则贪减税银，甘印白契；官则巧图侵隐，不
粘契尾，致启刁民捏造假契，争占讦讼，或以大改小等弊，奏
请立法稽查一折。经臣部议准：除布政司预颁契尾，印发各州

县存贮，粘连民契，给发业主，仍照旧例外，请嗣后令布政司多颁连环契尾，编列字号，于骑缝处所钤盖印信，仍发各州县，俟民间投税之时，填注业户姓名、契价、税银数目，一存州县备案，一同季册申送布政司查核。倘有不肖官吏仍蹈前辙，希图侵隐，一经发觉，即将该州县严参，照例议处。至于小民无知，贪减税银，甘印白契，致启刁民伪契争占讦讼之端，应令布政司通行出示晓谕。如有不请粘契尾者，经人首报，即照漏税例治罪。等因。奉旨依议，钦此。通行饬遵在案。今该布政司富明奏称：自部议多颁契尾以后，一给业户收执，一存州县备案，一同季册送司查考。稽核之法，不为不周，而巧取病民犹未能尽除者，缘业户契尾例不与契根同申上司查验，不肖有司因得无（舞？）弊欺朦。如业户契价千两，本完税银三十两，其于给民契尾则按数登填，而于存官契根或将价银千两改为百两、十两，任意侵隐。奏请设法清厘，以杜积弊。臣等酌议：嗣后布政司颁发给民契尾格式，编列号数，前半幅照常细书业户等姓名、买卖田房数目、价银、税银若干，后半幅于空白处预钤司印，以备投税时将契价、税银数目大字填写钤印之处，令业户看明，当面骑字截开。前幅给业户收执，后幅同季册汇送布政司查核。此系一行字迹，平分为二，大小数目，委难改换。等因。于乾隆十四年十二月十二日奏本日奉旨依议。钦此。相应抄录原奏并颁格式，行文山西巡抚钦遵施行。准此，拟合就行。为此，仰司官吏查照咨案奉旨及粘连单内事理钦遵，即转行所属，遵照办理毋违。等因。蒙此。遵即颁发给民契尾格式，编列字号，于空白处钤印饬发。为此，仰官吏凡遇民间置买田产，于投税之时即将契尾前半幅照常细书业户姓名、买卖田房契价、税银数目。后半幅空白钤印处大字填写某人置买某人田房价、税数目，令业户看明，当面骑字截开。前幅给业户收执，后幅同季册送司查核，务须实力奉行。倘有不肖官吏仍蹈前辙，滥印白契，希图侵隐，本司查出，即行详揭参处，至于小民无知，该州县不时晓谕。如有买卖田房不遵粘契尾者，即照漏税例治罪，各宜凛遵毋违。须至尾者。[14]

在契尾的天头大书"契尾"两字，契尾两字中间有"字号"二字。版框右半部（前幅）刷印户部与督抚推行骑缝契尾的法令。根据其中记录的文书行移可以知道，乾隆十二年，安庆（安徽）巡抚潘思矩曾上奏说，由于恢复旧式契尾以后，"民则贪减税银，甘印白契；官则巧图侵隐，不粘契尾，致启刁民捏造假契，争占讦讼，或以大改小等弊"。为此，户部提议以后"令布政司多颁连环契尾，编列字号"，严格查核。但效果并不好。乾隆十四年，河南布政使司富明条奏说，布政使司契尾"稽核之法，不为不周"，但"业户契尾例不与契根同申上司查验"，"其于给民契尾则按数登填，而于存官契根或将价银千两改为百两、十两，任意侵隐"。因此，他提议：

嗣后布政司颁发给民契尾格式，编列号数，前半幅照常细书业户等姓名、买卖田房数目、价银、税银若干，后半幅于空白处预钤司印，以备投税时将契价、税银数目大字填写钤印之处，令业户看明，当面骑字截开。前幅给业户收执，后幅同季册汇送布政司查核。此系一行字迹，平分为二，大小数目，委难改换。

乾隆十四年十二月十二日，户部"奉旨依议"，正式制定了"契尾"新条例。从形制来看，新式骑缝契尾吸收了雍正时期契纸契根之法的骑缝半字、半印制度。不过，契纸契根制度是州县预先将契纸与契根裁开，州县只掌握编号，所以容易发生契纸与契根底号"互混不明"的情况。而骑缝契尾则是在税契时，当面填写业户姓名、价银、税银，然后再将契尾骑缝裁开，前幅给业户收执，后幅按季汇送布政使司。这样就可以在一定程度上避免"互混不明"的情况。因此，乾隆十四年确立的骑缝契尾制度比田文镜创立的契纸契根制度，更为严密。这种骑缝契尾后来一直行用到清朝末年。

三、结语

清朝建立后，最初沿用明制，在各省推行"布政使司契尾"制度。不过，"襄陵县税契票"的出现，一方面可能是清初"布政使司契尾"供应不及时，所以州县不得不临时刷印"县印税契票"。另一方面，诚如田文镜所云，地方官用完"司颁契尾"之后，不肯再领，只于契上盖印，或者用朱笔在契内标注"契尾候补"，以脱逃契税。

为解决这一问题，雍正六年，根据河南总督田文镜的上奏，清朝政府参照连根"串票"样式，推行布政使司契纸契根制度。契纸契根是契纸与税契凭证合一的官版契纸。作为一种相当严密的税契制度，是清朝田宅交易税契制度的创新。虽然乾隆即位之初，认为田宅交易税契"原非为增国课而牟其利也"，废除了契纸契根制度，恢复了布政使司契尾制度。但到了乾隆十四年，清朝政府又借鉴契纸契根的骑缝样式，将明代以来的全幅契尾改为半幅契尾，正式确立了更为严密的骑缝契尾制度，雍正年间的契纸契根制度又得到部分恢复。此后，骑缝契尾制度一直通行到清朝灭亡。

清华图书馆收藏的《康熙五十二年（1713）襄陵县税契票》与《雍正十二年（1734）（孝义县）山西布政使司官版契纸》这两件税契凭证，成为了解清代前期山西以至于全国土地交易税契制度的重要实物证据，弥足珍贵。

资料来源 ————————————————————————

［1］长沙市文物考古研究所、中国文物研究所、走马楼简牍整理组编著：《长沙走马楼三国吴简·竹简》（肆），图版1763①，文物出版社，2011年，第210页。

［2］〔唐〕魏征等：《隋书》卷二四《志》一九《食货》，中华书局，1973年，第689页。

［3］《〔乾隆〕江南通志》卷七九《食货志·杂税附》。

［4］安介生、李钟:《清代乾隆晋中田契"契尾"释例》,《清史研究》2010 年第 1 期。

［5］《雍正朱批谕旨》第 31 册,光绪十三年(1887)石印本,第16b—18b。

［6］《雍正朱批谕旨》第 31 册,第 18b。

［7］《〔乾隆〕江南通志》卷七九《食货志·杂税附》,文渊阁《四库全书》本,上海古籍出版社,1987 年,第 509 册,第 300 页。

［8］徽州文书保存雍正十年(1732)"布政司奉旨颁用契纸",版框有天头,刻印有"布政使司奉旨颁用契纸"。见中国社会科学院历史研究所收藏整理:《徽州千年契约文书·清民国编》卷一,花山文艺出版社,第 260 页。

［9］《雍正朱批谕旨》卷二一六之四,朱批赵弘恩奏折,雍正十二年(1734)七月初六日。

［10］《清高宗实录》卷八,雍正十三年(1735)十二月辛未,影印本,中华书局,1985 年,第 303—304 页。

［11］乾隆皇帝即位后,采取了一系列的赋税减免政策。例如,雍正十三年九月,诏令"各省民欠钱粮,系十年以上者。着该部查明具奏。候旨豁免"(《清高宗实录》卷三,雍正十三年九月己亥,第 160 页)。九月二十三日,又下谕旨,"将雍正十二年以前,各省钱粮实欠在民者,一并宽免。"(《清高宗实录》卷三,雍正十三年九月己未,第 187 页)。十月七日,又根据果亲王密奏,认为"江南等省漕项、芦课,及学租、杂税等银,亦系雍正十二年以前之民欠",全行豁免(《清高宗实录》卷四,雍正十三年十月壬申,第 212 页),等等。

〔12〕转引自安介生、李钟：《清代乾隆晋中田契"契尾"释例》。

〔13〕《清高宗实录》卷二八八，乾隆十二年（1747）四月庚申，第751页。

〔14〕转引自安介生、李钟：《清代乾隆晋中田契"契尾"释例》。标点略有改动。

从一起房屋纠纷看 20 世纪 50 年代的人们如何打官司

在清华大学图书馆的文书资料中，有一批围绕同一个房屋所有权纠纷诉讼的相关资料，内容有70余页，时间集中在1950—1953年。该诉讼在本文中简称为"陈保旺案"。这些文书中有：1份政府批示、5份判决书，都是正式的官方文书；当事人的信函文件、诉状等10余份；检举信4份；民事传票1张；释放案犯证1张；村党支部的信函和文件；官方的回复信函；等等。除了私人文书，多数文件都有官方印章。文书保存较好，大部分内容可以清晰辨认。通过这些文书记录，可看到 20 世纪50年代的老百姓是如何打官司的，同时进一步了解这个时期的法律政策以及民事诉讼程序。

一、案情概述

这是一起关于典居房屋所有权的纠纷诉讼，争议发生地是山西省河津县吴家关村，主要当事人有陈保旺和薛增禄，还有若干关系人。根据几份判决书列出的内容，该案事实大致如下：

诉讼的标的物（"标的物"，法律术语，意思是法律关系中权利义务指向的对象）是房屋8间，其中，5间房屋的原房主即所有权人是陈高奎（有的文书中将"奎"写作"魁"），另有3间房屋的原房主是陈老虎。陈高奎、陈老虎系当事人陈保旺的侄子，二人母亲为柴银银（该案的关系人之一）。当事人薛增禄是争议房屋的典居人，他通过支付一定的典价而占有、使用该房屋。薛增禄自民国十九年（1930）起以这种房屋典当方式典居陈高奎北房5间。一年后，陈高奎把该房屋卖给地主柴仲棣。民国三十三年（1944），薛增禄又典居柴仲棣的西房3间及南房基地1块，该3间西房原主人是陈老虎。后来该房房契被几次转手抵押，并更换了主人。经历了各种变故，最终房主为柴仲棣。尽管房主发生变化，薛增禄一直以该房屋的典居人身份居住于此。

1949年中华人民共和国成立，在土地改革期间，因该房屋属柴仲棣所有，按地主财产被依法没收，由村政府分给无房的典居人薛增禄继续居住并保有。在1950年发房窑证的时候，陈保旺和嫂子柴银银对该房屋权属提出不同意见，填写房窑证时，主张将此房屋分别归两人名下所有（柴银银房 3 间，陈保旺房 5 间），因此产生争议。

关于该房屋所有人变化及纠纷过程，1952 年 7 月，山西省人民法院运城分院在该案再审判决书中有比较简洁、清晰的说明。（图 1-1、图 1-2）

该房屋涉及的人物，有房屋典居人和不同时期的多个房屋所有人。围绕该房屋发生的事件包括房契转手抵押、土地改革之后政府依法没收地主房屋重新分配、登记颁发房窑证等，这些人物和事件使房的权属关系变得复杂起来。经过几次诉讼审理，最终结果是：政府依法没收该房屋，分给无房的薛增禄，但须根据当地实际情况予以核算分配数量；陈保旺和嫂子柴银银填写的房窑证无效，需要依程序进行修改。

我、将货陈商魁的北房契抵押在陈老虎女人手、後因陈老虎女人将家具翻卖承

账、披译全部卖了、卖的价家房屋先起最贵、刈涂南关魏家庆生惹困难、我押有朱仲禄的纳据（

现成家行未还城、日本投降后朱仲禄女人保押的纳据拾神价朱九成女人、陈老虎女人托（

不敢解决来起问题、逐城陈老虎女人据照原契价个又拾神拾作增禄、现有

缺九成女人所证在案、後来朱仲禄欲太爱困来、蒋增禄又熙家押佃个银朱仲禄将押的

账回、但据增禄无供朱仲禄典者天惷价好拔、一八九〇年八月项欠房惷证拂、陈老虎

母铜乐报现其已分后的手同确现武惷要顺回这房、据增禄虹证称：据增禄典

惟北房马房原都买成惟陈老虎纳身、因欠地买朱仲禄的价务参又偿还、

被折共的（据陈商魁证明不思顺侦、又令货的）民国卅年在後我惟陈老虎女人共承

仲禄女园哎料来手禄陈老虎女人教千元、将货货我惟的房契又拂给朱九成女人（

兵於我惟魏、窝来老虎女人同欺朱九成女人兄同朱中柜

以卤老虎女人死了、使增禄焕鬼搢的揑时头、这房我和我媳已塌了房惷纸、变欲

齐塄孙手燉叼这房子。

法審民（反）字第　　號

上訴人（薛增祿）　男　五十四歲　中農　山西河津（民汏家庄村人）

被上訴人（陳保庄）　男　六十六歲　貧農

上列人因賠款房產所引校爭執（案、不服大汰〇一九五一年十月廿八日判決、提被上訴、經中

央最高人民法院判決、終﹝還﹞更審、復經本院複審判決如下、

　主　文

　原判維持之分案八間、身基一坪、地條池汰定歸被上訴人薛增祿附﹝近﹞、依政﹝通﹞設村改

　府按薛增祿全家人口、以照村要人平均房產数計、如有多亲者可抽繳多余的鄉份（所﹝留﹞

　的房產值卤不能﹝依﹞於原葉﹝卤﹞）分給致身貧苦農民、亞則全歸薛增祿附﹝近﹞○因陳

　係旺莊双方爭執期間掃﹝折﹞得附葉之房不﹝莫﹞其嫂銀久分別壤入洞巳另﹝變﹞契﹝莊﹞內（柴縕之房三

　間、陳﹝縕﹞旺房五間）受﹝及﹞教的○亞通﹝通﹞村政府制繰改府修改

　事實及理由

　群增祿於民國十九年以現﹝洋﹞六十元使陳奇超北房五間、民國廿年陳奇超轉移他村

　地將灵給群增祿的房買給楪仲祿（地支）微在賣契上批明與正歸楪仲祿、民國廿三年

图1-2 1952年运城分院再审判决书（二）

据柴仲样证称、陈老先〔人〕和柴仲样〔人〕都是〔人〕社员
柴仲样的房子叫做者中人、师〔他〕们〔人〕科有搞鬼、有矛盾、就没给他当〔村〕
据柴仲样女人、师曾顺称、我听科说他〔人〕事、该卖给陈老先女人的房子、当借过老
究女人九十斤棉日本料、将头被他、后贫发还了他。

据苏村〔人〕长、郑相桔证称：此改时曾记得房子的农民给今房子、当时我们村于都以他家〔人〕来
据保他虽没有房子、但是住地主柴仲样的房子已〔人〕二十年了、他住的房以他家〔人〕来
说、不没改也不给他分、就确地但、就等于民〔人〕等〔人〕、徵求他代在乡乡居乡〔人〕房
保证卓通〔区于都、不让村于都处理所争的房子、乘机将所争都以以〔人〕真〔人〕
证上（本时村于都不同意〕
根据吐上〔人〕争〔人〕、陈老究女人才能买柴仲样女人的房子、如买柴仲样女人将其北身找给
何能将来被子归子、家具都乡争、所以能柴究其、自由柴仲样女人将其北身找给
老究女人〔人〕究实、那老究女人後又路裸论柴九娥女人、最後何由柴仲样女人武缴缴回、这
据据根、但柴栄仲样研用、此上以将乃柴收没後〔人〕地主变民为获卖为反柴中属栄研用秋们们相
地主柴中栄研用、此上以将乃柴收没後〔人〕地主变民为获卖为反柴中属栄研用秋们们相

二、文书分类

梳理这批文书，以官方文书，特别是几次判决书的时间为序，可以比较清晰地将案件纠纷呈现出来，这些文书的内容也相对容易了解。同时，这些文书所承载的内容，反映出鲜明的时代特征，可助以深入了解中华人民共和国成立初期法院受理该案的程序和纠纷解决办法。

（一）重要的官方文书

这部分主要包括6份文书，其中1份为政府批示，另外5份是法院判决书。判决书是重要的官方文书，也是这批文书中最有价值的部分。

1.1950年河津县政府批示

1950年9月19日，河津县人民政府就陈保旺和薛增禄两人因该房屋产生的争议做出批示（法民字第178号）：地主房院应由村政府没收归村有，可另行分配给其他贫苦农民，陈保旺、薛增禄均不应占有此房。至于薛增禄无房居住，可由村政府在别处另行调剂分配。（图2）

但是，当事人之一的陈保旺对于该批示持有异议。从其他文书的内容中可以发现，1950年当地颁发房窑证的时候，陈保旺和嫂子柴银银曾将该争议房屋分别填写房窑证，归自己所有。因此，陈保旺就房屋争议起诉薛增禄至当地法院（即河津县人民政府）受理解决。

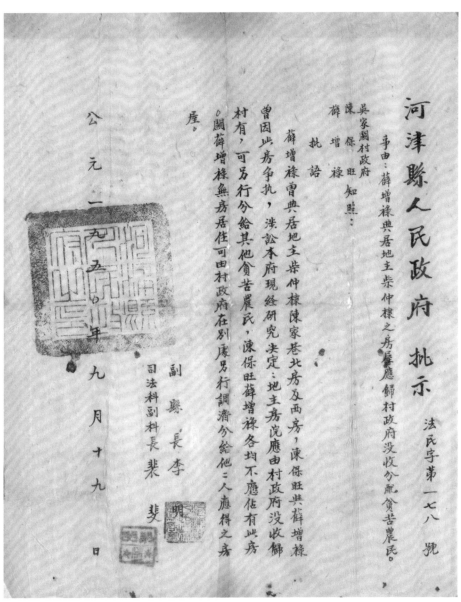

河津縣人民政府　批示　法民字第一七八號

争由：薛增祿與居地主柴仲棟之房屋應歸村政府没收分配貧苦農民。

薛增祿
陳保旺　知照：
吳家關村政府

批語

薛增祿曾典居地主柴仲棟陳家巷北房及西房，陳保旺與薛增祿曾因此房爭執，涉訟本府現經研究決定：地主房院應由村政府没收歸村有，可另行分給其他貧苦農民，陳保旺薛增祿各均不應佔有此房屋。

。關薛增祿無房居住可由村政府在别處另行調濟分給他二人應得之房屋。

公元　一九五〇年　九月十九日

副縣長　李明
司法科副科長　裴斐

图2　1950年河津县人民政府批示

2.1951 年河津县政府一审判决书

1951 年 4 月 23 日，山西省河津县人民政府就争议做出判决（民事判决书，法民字第 178 号），原告是陈保旺（年 64 岁），被告是薛增禄（年 53 岁），判决结果为：薛增禄典居地主柴仲棣之房屋，应归陈保旺所有，陈保旺应向薛增禄交典价小麦 7 市石。后面列出了争议事实，并据此认为，陈保旺家的房子曾被该村地主柴仲棣以高利贷剥削，将该房折去，是地主以封建残酷的剥削方式夺取了农民财产，是极不合理的，该房应归陈保旺所有。但薛增禄曾出典价，故由陈保旺归还小麦 7 市石。如不服此判决，可上诉山西省人民法院运城分院。落款包括副县长、司法科副科长、审判员及书记员的签名和印章。（图 3-1、图 3-2）

该判决将争议房屋判归陈保旺所有。该房屋典居人薛增禄对判决有异议，就此向山西省人民法院运城分院提出上诉。

3.1951 年山西省人民法院运城分院二审判决书

1951 年 10 月 28 日，山西省人民法院运城分院（以下简称"运城分院"）做出二审判决（法审民上字第 168 号），上诉人薛增禄，被上诉人陈保旺。因上诉人不服河津县政府 1951 年 4 月 23 日的一审判决，上诉法院经审理做出判决，驳回上诉，维持一审判决。落款包括兼院长、副院长及书记员的签名和印章。（图 4）

由于二审判决维持原判，薛增禄的诉求没有满足，他就此直接上诉至最高人民法院。

4.1952 年中央人民政府最高人民法院判决书

1952 年 4 月 24 日，中央人民政府最高人民法院对此案的上诉进行审理，上诉人薛增禄，被上诉人陈保旺。上诉人因不服二审法院的判决（即运城分院 1951 年的判决）而进行上诉，最高法院做出判决（1952 年度民上字第 162 号），撤销山西省人民法院运城分院原判决，发回重新审判。落款是最高人民法院民事审判庭，具体包括代理庭长、副庭长、某审判组代理组长、代理审判员及书记员的签名和法院印章。（图 5-1、图 5-2）

5. 1952 年山西省人民法院运城分院再审判决

1952 年 7 月 20 日，因上诉人不服运城分院 1951 年 10 月 28 日的判决，并经中央人民政府最高人民法院判决发回重审，运城分院重新审理此案做出判决，上诉人薛增禄（中农），被上诉人陈保旺（贫农）。判决结果是：双方所争议的房屋依法没收，分给薛增禄所有，但需经政府核算其应有数量，陈保旺、柴银银在双方争议期间所填写的房窑证属无效，需要依程序由村政府到县政府修改。如不服此判决，于收到判决 20 日内向分院提出诉状，由运城分院转送最高人民法院华北分院。落款包括兼审判长、副审判长、审判员及书记员的签名和印章。（参见图 1-1、图 1-2）该判决书中，罗列出了当事人的阶级成分，即中农、贫农。

运城分院的重审判决中支持了上诉人薛增禄的诉求，对方当事人陈保旺仍有异议，继续就该案向最高人民法院华北分院提出上诉，要求重新审理。

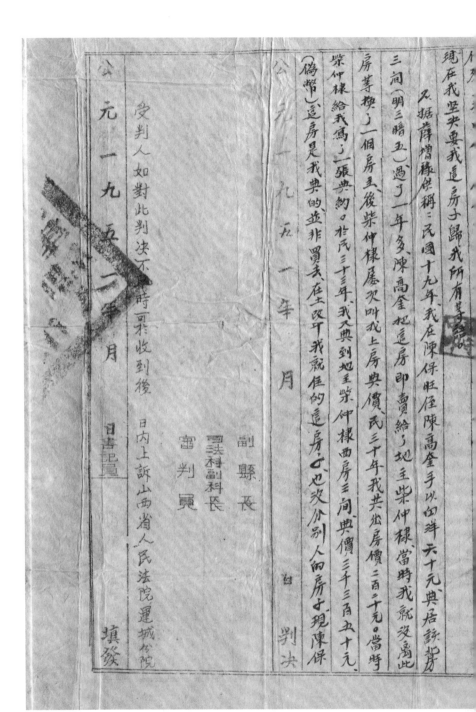

图 3-1 1951 年河津县人民政府民事判决书（一）

山西省河津縣人民政府民事判決書

受判決人

原告：陳保旺　男　年六十四歲　吳家關村人

被告：薛增祿　男　年五十歲　吳家關村人

右列當事人因房屋爭執一案被訴李府經審理判決如左：

主文

薛增祿與某地主柴仲樣之房屋應歸陳保旺所有，陳保旺應向薛增祿交與價小麥七市斗。

事實

八據陳保旺供稱：薛增祿現住地主柴仲樣之房屋西房是於民二十年左右我侄媳與地主柴仲樣之□房……馳陳老虎陳高昌只把主柴仲樣債務無力償還，被地主把此房折未，估民三十年前彥花作□媳與地主柴仲樣媳在一塊同料子（善品）手續，柴仲樣媳婦欠下我侄媳數千元，但柴之女人無法歸還，便將這房的契約給了我侄媳，誰將這房賣給了我家，但過了一二年我侄媳同吃了柴仲樣至子柴九戈一包孕子，更把七戈戈誤分甲列柴九戈來且火變戈……

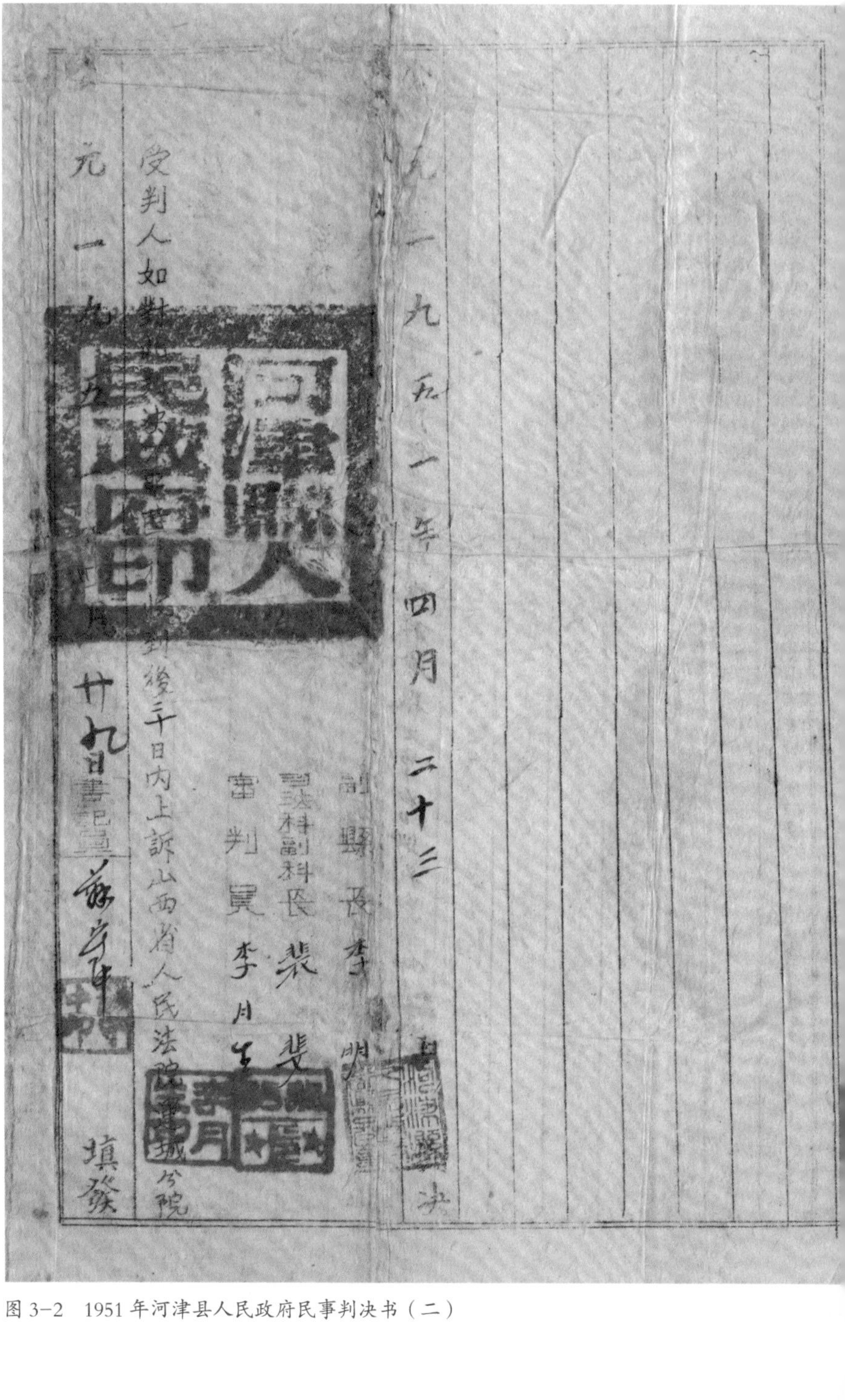

公元一九五一年四月二十三日 判決

副縣長 李明

司法科副科長 裴斐

審判員 李月生

受判人如對本判決不服於收到判決後三十日內上訴山西省人民法院運城分院

河津縣人民政府印

公元一九五一年四月廿九日 書記員 蘇□中 填發

图 3-2　1951 年河津县人民政府民事判决书（二）

旺說這房子他買去了要住這房我不同意等語。

理　由

基上爭資陳保旺家的房子，增租戶村地主榮仲樣以高利貸剝削將該房折去是屬地主依封建殘造的剝削方式爭取，襄民新置是理不合理的。該房應歸陳保旺所有。但

薛增樣曾弘文典這房價洋，由陳保旺歸薛增樣食糧七市石。此判判決如主文。

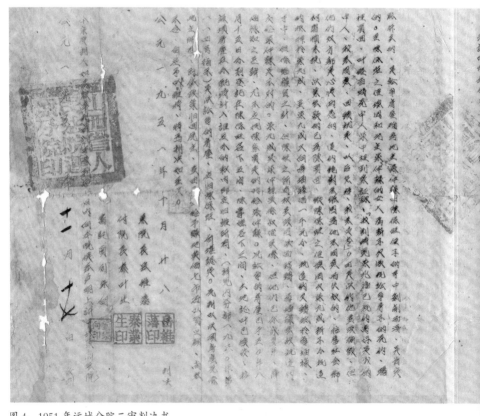

图 4　1951 年运城分院二审判决书

山西省人民法院運城分院刑事判决書

一六八

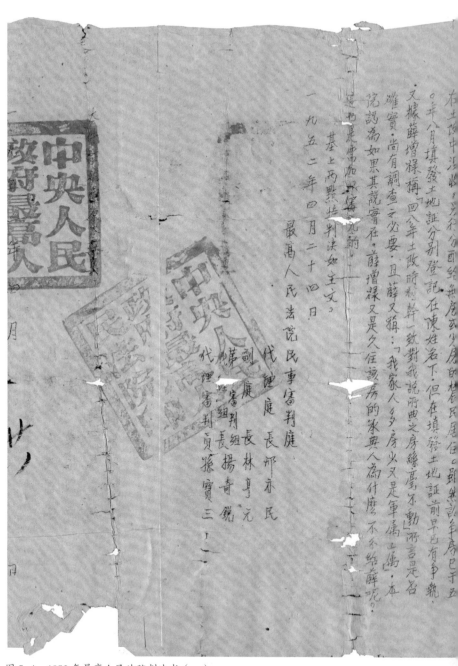

在土改中没收，另行分配给無房或少房的贫民居住。郵無訟争单房已予五

〇年八月填發土地証分别登記在陳姓名下。但在填發土地証前早已有争執，

又據薛增祿稱「四八年土改時刑斡」一致對我說两也之房綠寫不動」所言是否

確實，尚有調查之必要。且薛又稱：「我家人多房少又是軍屬工屬。本

院認為如果其說實在，薛增祿又是久佳該房的东与人為什麼不予給薛呢？

这都是审判时应予究明的。

基上两點特判决如主文。

一九五二年四月二十四日

最高人民法院民事審判庭

代理庭長　邢亦民

代理庭長　林尃元

副庭長

審判組長　揚奇銳

代理審判員　孫寶三

图 5-1　1952 年最高人民法院判决书（一）

中央人民政府最高人民法院民事判决一九五二年度民上字第一六三號

上訴人薛增祿　住山西河津縣第一區吳家關村

被上訴人陳保旺　住同右

右列上訴人為被訴確認房屋所有權一案，不服山西省人民法院運城分院一九五一年十月二十八日的第二審判決，提起上訴，本院判決如左：

主文

撤銷山西省人民法院運城分院的原判決，發回原法院重新審判

理由

薛增祿的上訴意旨署稱：我和陳保旺所爭執的房子，係民國十九年六月間典于陳高魁，翌年陳高魁將此房賣於柴仲棵，所有我即由柴仲棵手裡典的，與陳保旺沒有關係，他也沒有任何憑據要向我贖房，同時我也不能讓他回贖，剖尚不服原判上訴到院。

本院查閱卷宗典居証件，認為有發回更審之必要其理由

一原法院維持第一審的判決主文是「薛增祿典居地主柴仲棵之房屋應歸陳保旺所有，陳保旺應勾薛增祿交典價小麥七市石」，這顯然是久典回贖問題，既是久典回贖，陳保旺不但不是老業主陳高魁的直系親屬，又非同胞兄弟，陳保旺有何理由出面主張權利？況陳高魁他處掂藝（三），並非無

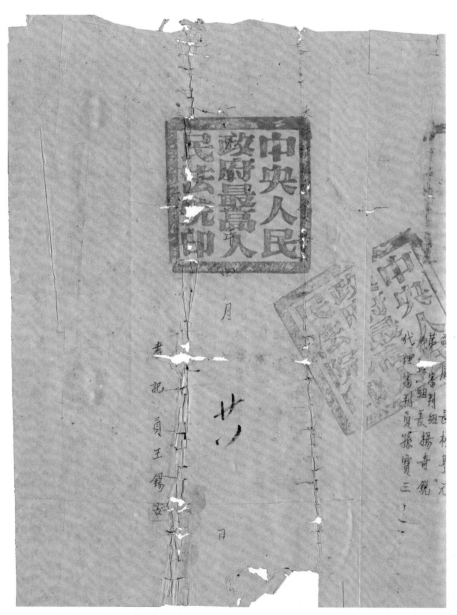

图 5-2 1952 年最高人民法院判决书（二）

6.1952 年最高人民法院华北分院终审判决

1952 年 9 月 29 日，最高人民法院华北分院（以下简称"华北分院"）受理当事人对此案的上诉，并做出判决（1952 年度民上字第 704 号），上诉人陈保旺，被上诉人薛增禄，关系人柴银银。陈保旺不服运城分院 1952 年 7 月 20 日的重审判决而继续上诉，华北分院经审理做出判决，以下是判决书录文。

最高人民法院华北分院民事判决 一九五二年度民上字第七○四号

上诉人陈保旺　住山西省河津县一区吴家关村。

被上诉人薛增禄　住同右

关系人柴银银　住同右

右上诉人为确认房地所有权一案，不服山西省人民法院运城分院一九五二年七月二十日的重审判决，提起上诉，本院判决如左：

　主　文

维持原法院对陈保旺请求部分的原判决，柴银银请求部分发回河津县人民法院重行审判。

　理　由

本案陈高魁原有之北房五间，其出卖于柴仲棣，业据陈高魁自己承认系"正经卖给人家"，并说不再追究。（见原重审卷笔录）另一方面，这所争的北房五间，经薛增禄在一九三○年间典住。在日伪统治期间，柴仲棣的妻子虽因吸料子而将房屋押给陈老虎的妻子，但也据柴仲棣的妻子师贞顺在西安市人民法院供明：当时只将所争之北房押给陈老虎的妻子，而不是卖给她，且其后陈老虎之妻子又已将该约据转押于柴九畴。柴九畴又因借贷关系而转给被上诉人，到了最后，又由柴仲棣备价赎回。因此原法院认定上述所争之北房为地主柴仲棣所有，应依法没收，并以被上诉人系所争之房之原承典人，既无其他房屋，又系军属，着依当地平分时每人所应分之房屋间数，分给被上诉人及其属，再有多余，另分给其他无房或少房之农民，是正确的。

上诉人所说所争北房之始末来历，既与事实不符，又非所争北房之原所有人，其借歪曲之事实，企图取得上述之北房所有权，是不对的。故原法院宣告其房窑证上所载取得该北房之所有权无效，也就合理。

其次，关于柴银银请求部分，以事实尚欠清楚，故这一部分发回第一审法院重为处理。

落款包括民事审判庭兼审判长、副审判长、第三审判组组长、审判员及书记员的签名和法院印章。（图6）

至此，该案已经过5次审理，华北分院的判决应属终审判决，其判决结果具有法律效力，必须执行。从另一份文书"释放案犯证"的时间和内容来看，陈保旺依然不服判决，以致后来被教育改造3个月。

（二）诉状和信函

这批文书中，当事人陈保旺的文书居多。其中，诉状和信函约10份，名称各不相同，有说明信、民事控告状、上诉声明状、刑事反诉状、民事声明状、民事声请状等，内容大都是对该纠纷的一些说明，请求法院继续调查、审理，支持个人的诉讼请求。

其中 2 份是陈保旺上书给华北行政委员会主席刘澜涛（1910—1997）的信函，另外有一封申诉书转呈刘主席。（图 7-1、图 7-2、图 7-3）可以看到，诉讼之外，陈保旺希望高层领导能够关注此案，祈速予批示，以脱讼累，否则他将携同嫂子柴银银来京面陈。这些信函中透露出当事人的迫切心情。

另外，陈保旺所写的检举信有 4 件，其中 3 件是检举本村的村长，理由是贪污、做伪证、颠倒讼词、破坏土改等。（图 7-4）还有 1 份是针对运城分院和华北分院的检举信，（图 7-5）认为运城分院捏造证据，伪造判决；检举华北分院滥用职权，妄下判决。

中华人民共和国成立初期，伴随着新解放区土地改革的完成和农业合作化的发展，中国共产党在新解放区农村建立和健全农村支部，加强了党在新解放区农村的领导力量。文书中，还有几份是村党支部的信函和文件，分别是：村党支部上书最高人民法院华北分院的信函（1952），有 7 人签名；（图 8-1、图 8-2）村党支部的说明书，有 6 人签名；（图 8-3）还有村党支部致刘澜涛的信，有 2 人签名。（图 8-4）这也说明了村党支部在该案中的参与度，对村民发生的纠纷进行调查和调解，是一种争议解决方式。另有村长向运城分院的案情说明信，可看作是案件的一个证明材料。

有一封信件来自当事人之一的薛增禄，他在信里面对争议情况做出说明，表达了自己的意见，书写使用的是一种横格信纸。

此外，有一张日期为 1951 年 9 月 26 日的运城分院民事传票。（图 9-1）传票是制式文书，上面被传人包括陈保旺、薛增禄和陈保旺的嫂子（"陈高魁他妈""陈老虎他妈"），称呼用词还是口语化的。

还有一张由河津县人民政府发的释放案犯证，（图 9-2）内容是

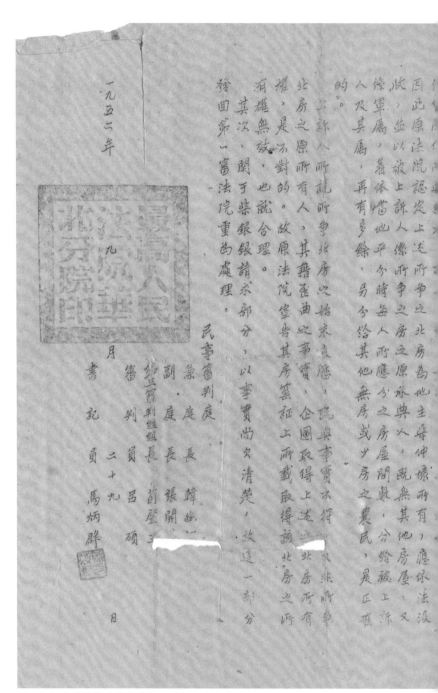

一九五二年

的。

因此原法院認定上述所爭之北房為地主蔣述仲康所有，應依法沒收，並以被上訴人像所爭之房之原承典人，既無其他房屋，又像單屬人，著依當地平分時每人所應分之房屋間數，分給被上訴人及其屬，再有多餘，另分給其他無房或少房之貧民，是正確

上訴人所說所爭北房之始末意應，既與事實不符，又非所爭北房之原所有人，其羅歪曲之事實，企圖取得上述之北房之原所有權，是不對的。故原法院查勘其房籌証工所載取得該北房之所有權無效，也就合理。

關於柴銀銀請求部分，以事實尚欠清楚，故這一部分發回第一審法院重為處理。

民事審判庭

審判長　韓幽□
副庭長　張開□
審判組長　荀肇□
審判員　呂碩□

二十九日

書記員　馬炳群

月

图6　1952年最高人民法院华北分院终审判决

044

最高人民法院华北分院民事判决

一九五二年度民上字第七〇四号

上诉人徐保旺　住山西省河津县吴家关村

被上诉人薛增禄　住同右

关系人柴银银　住同右

右上诉人为难认房地所有权一案，不服山西省人民法院退城分院一九五二年七月二十四日的重审判决，提起上诉，本院判决如右：

主文

维持原法院对徐保旺请求部分的原判决；柴银银请求部分发回河津县人民法院重行审判。

理由

本案徐高题原有之北房五间，其出卖于柴仲禄、柴德陈高题自己承认係「正经卖给人家」，並说不再追究。（见原卷笔录）另一方面争的北房五间，经薛增禄在一九三〇年间与住老虎治房期间，柴仲禄的妻子雖周吸辞子而将房屋押给徐的妻子師贞顺在西安市人民法院供明：当时只将所争之北房押给线老虎的妻子，而不是卖给她。

华北政务院行政委员会主席钧鉴：

来信我与薛增操因房屋纠纷一案经数年悬案未各级层解决情况据双方事实介绍如下请求作以详细处理为盼；

1. 房屋原係我陈家司过去为北京兜售历迫青薛廷祥将老财荣伊提向北房五间吾经典价交消吾妓立得到二百元不将老财荣伊提又典与薛增操一百元；

2. 西房三间吾娃陈老虎吸食大烟使到老财又将西房银米放款邸炪炪坐居一续薛增操将三间吾房抵债归其柴伊提老财又将西房眼艺放款邸炪炪坐居一续薛增操将西房典出其薛增操；

3. 曰伪王时荣伊提立妻吸食料西曰伪王时荣伊提立妻吸食了吾娃娆料面欠下伪金票给于上吾娃娆刘印西口伪五时吾娃娆列印西口伪五时荣炪富无以上吾娃娆料面欠下伪金票给于上吾娃娆刘印

二人立上字据共卖伊乃以葡契约全部交体房业交奘房主所有荣伊提买我房屋契卖二人立上字据共卖伊乃以葡契约全部交体房业交奘原主所有荣伊提买我房屋契卖

此吾娃娆刘印西口伪五时吾家再炪吾契押捉其柴九成不料吾娃娆退料即曰赴覣武家得病故亡我娃娆列印西口伪五时荣炪富无以上吾娃娆退

刘印曾赴覣武家得病故亡我娃娆退料讨要房契柴九成屈承给我娃娆推将没给薛增操说申将柴九成我的保人怕学文倘若陈家要娶有怕学文其柴九成从薛增

古四七年上庭中我娆从柴九成里要房契约德柴九成说你房学约了薛增操一些成约据讨要我娆就没有从柴九成里要

此四七年上庭中我娆从柴九成里要房契约德柴九成说你房学约了薛增操一些成

给了薛增操你卖可我保人姓字柴甲再薛增操娆老财荣伊提逃路到西京去叟经二作人员共利班郯了了解西家买卖实情况特北房五间归集陈保旺

逃路到西京去叟经二作人员共利班

给了薛增操娆柴九成房契约据了解西家买卖实情况特北房五间归集陈保旺

6. 辈止庭土地证时薛增操娆其洇西房三间我娆名下；

我陈家实娶薛家买房我特另准备约灰尨薛增操但薛增操不收未支已不给代支

给薛增操柴七石小麦误時叫薛增操娆其洇交房求西家那時好了九诉同郯郯女立字据

西房三间我娆名下；

图7-1 陈保旺转呈刘澜涛的申诉书（一）

046

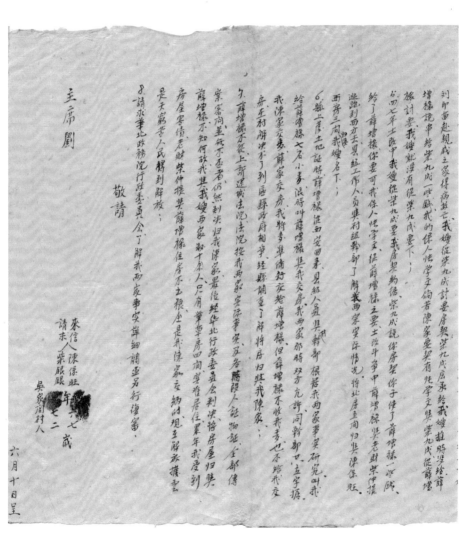

图7-2　陈保旺转呈刘澜涛的申诉书（二）

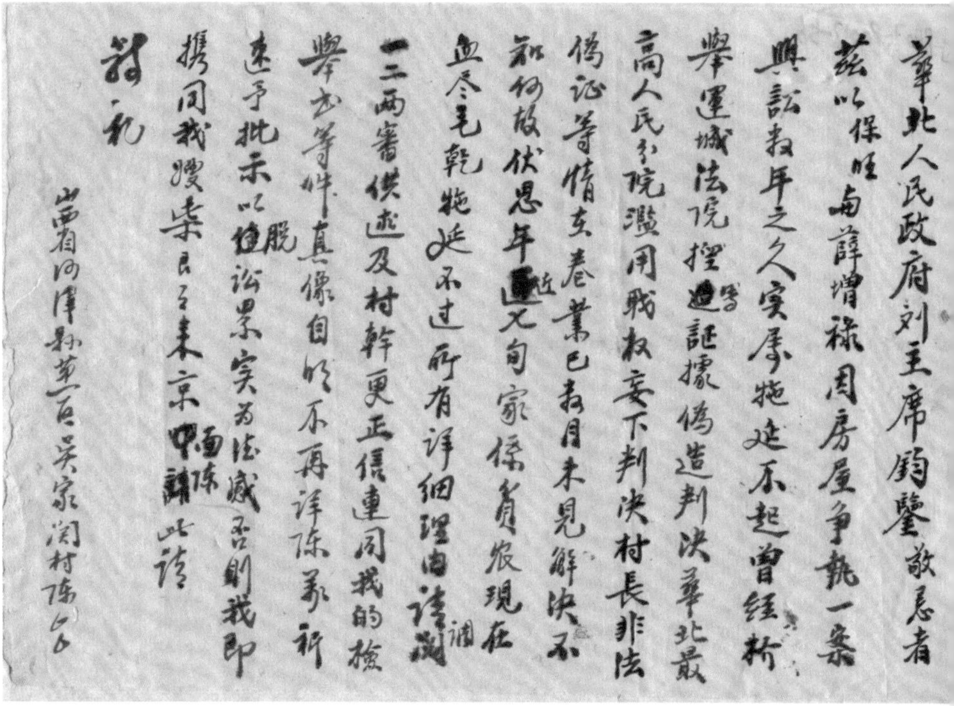

图7-3　陈保旺转呈刘澜涛的申诉书（三）

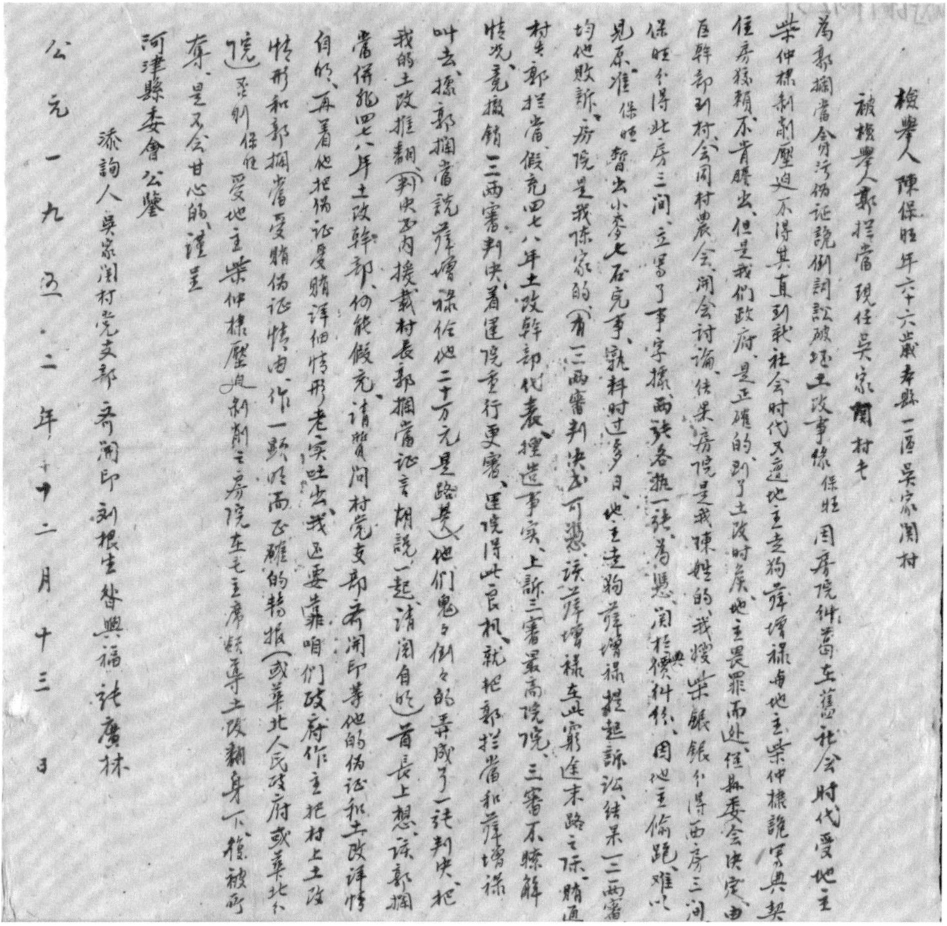

检举人 陈保旺 年六十六岁 本县一区吴家关村
被检举人 郭拴当 现任吴家关村长
为郭拴当贪污伪证诡例词讼破坏土改事缘 保旺 因房院纠纷，在旧社会时代受地主
荣仲棣剥削压迫，不得其直。到新社会时代又遇地主走狗薛增禄与地主荣仲棣诡写典契
侵房强赖，不肯腾出。但是我们政府是正确的，到了土改时候，地主畏罪而逃，经县委会决定，由
区干部到村，会同村农会、开会讨论，结果房院是我陈姓的，我嫂荣氏银不得西房三间
保旺不得此房三间，立写了事字据，两造各执一张，为凭。关于纠纷，因地主偷跑，难以
见原准 保旺 暂出小麦七石完事。孰料时过多日，地主走狗薛增禄提起诉讼，结果一二两审
均他败诉，房院是我陈家的（有一二两审判决书可凭）。该薛增禄在此穷途末路之际，贿通
村长郭拴当，假充四七八年土改干部代表，捏造事实，上诉三审最高法院。三审不了解
情况，竟撤销一二两审判决，着还院重行更审。还院得此良机，就把郭拴当和薛增禄
叫去，据郭拴当说，薛增禄给他二十万元是路费，他们鬼鬼祟祟的弄成了一张判决，把
我的土改推翻（判决书内接载村长郭拴当证言胡说一起，请关自阅）。首长上想，该郭拴
当係他四七八年土改干部，何能假充，请质问村党支部齐润印等他的伪证和土改详情
自明。再看他把伪证受贿详细情形老实吐出，我还要靠咱们政府作主把村上土改
情形和郭拴当受贿伪证情由，作一颠倒而正确的精神（或华北人民政府或华北人民法
院）要判 保旺 受地主荣仲棣压迫剥削之房院，在毛主席领导土改翻身下，复被所
夺，是又岂甘心的。谨呈
河津县委会 公鉴
证询人 吴家关村党支部 齐润印 刘根生 督兴福 张广林
公元一九五二年十二月十三日

图 7-4 陈保旺检举本村村长文件

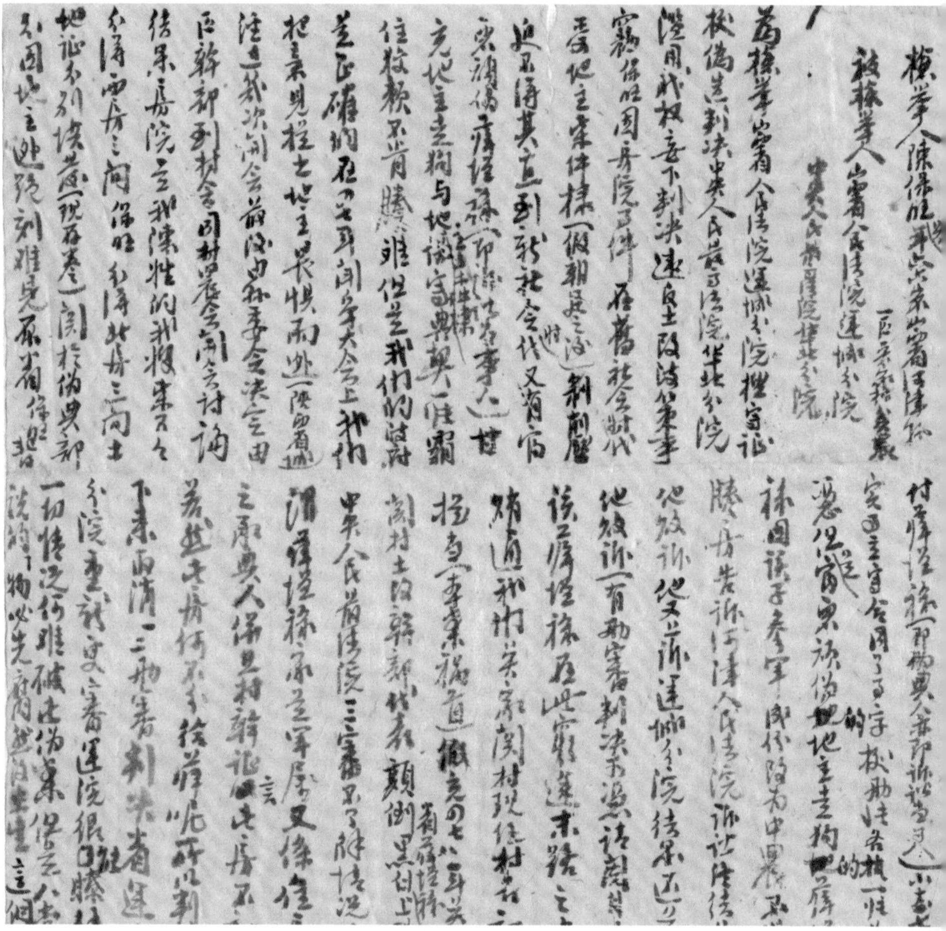

图 7–5　陈保旺针对运城分院和华北分院的检举信

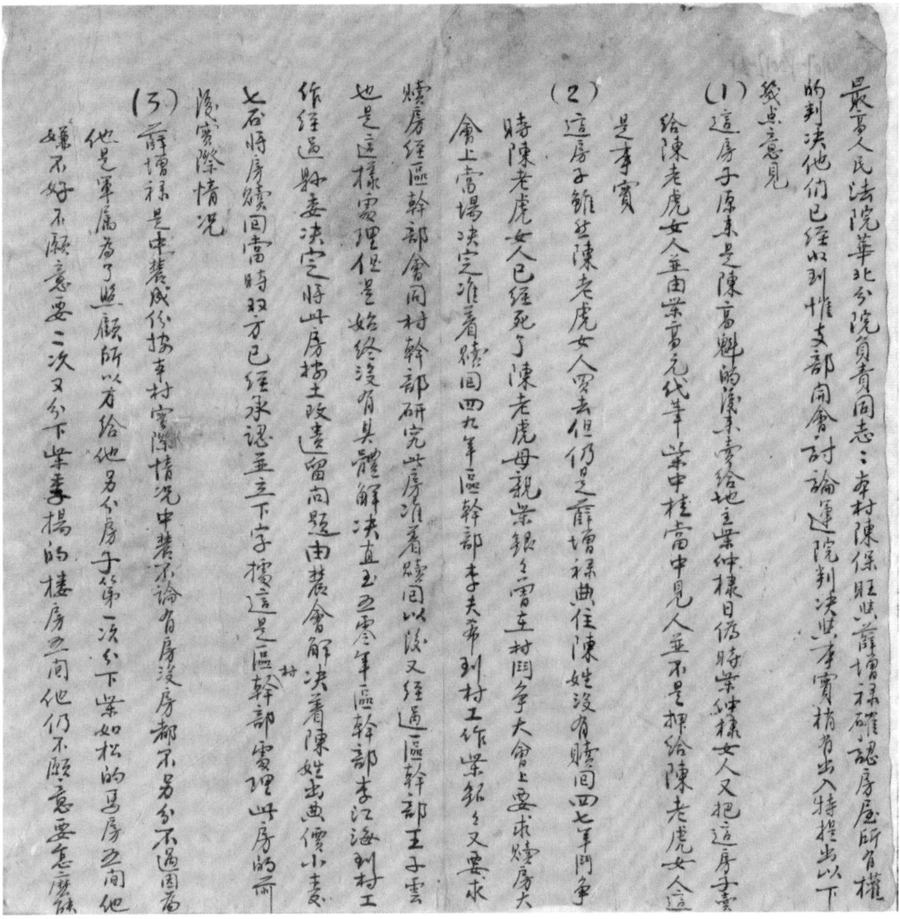

最高人民法院華北分院負責同志：本村陳保旺與薛增禄確認房屋所有權的判決他們已經以到[illegible]支部開會討論這院判決與事實稍有出入特提出以下幾點意見

(1) 這房子原來是陳富魁的後來賣給地主榮仲様日偽時榮仲様女人又把這房子賣給陳老虎女人並由榮富元代筆 榮中桂當中見人並不是押給陳老虎女人這是事實

(2) 這房子雖然陳老虎女人買去但仍是薛增禄典住陳姓沒有贖回四七年鬥爭時陳老虎女人已經死了陳老虎母親榮銀〻曾在村鬥爭大會上要求贖房大會上當場決定准着贖回四九年區幹部李夫芳到村工作榮銀〻又要求贖房經區幹部會同村幹部研究此房准着贖回以後又經過區幹部王子雲也是這樣處理但是始終沒有具體解決直至五零年區幹部李江海到村工作經過縣委決定將此房按土改遺留問題由農會解決着陳姓出典價小麦七石將房贖回當時双方已經承認並立下字據這是區村幹部處理此房的前後實際情況

(3) 薛增禄是中農成份按本村實際情況中農不論有房沒房都不另分不過因為他是軍屬為了照顧所以才給他另分房子第一次分下榮如松的西房五間他嫌不好不願意要二次又分下榮[illegible]楊的樓房五間他仍不願意要怎麼[illegible]

图 8-1　村党支部上书最高人民法院华北分院的信函（一）

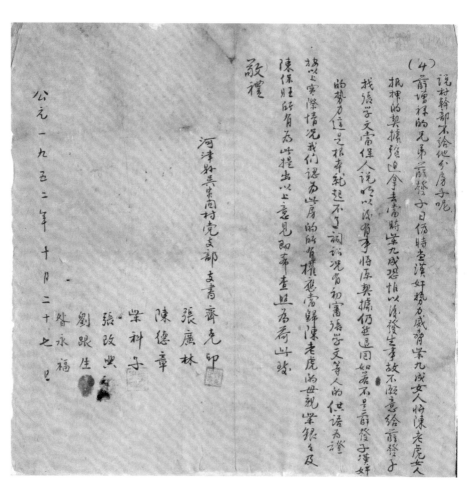

图 8-2　村党支部上书最高人民法院华北分院的信函（二）

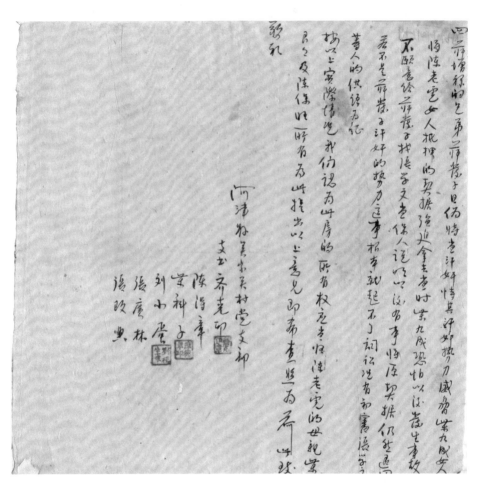

图 8-3　村党支部的说明书

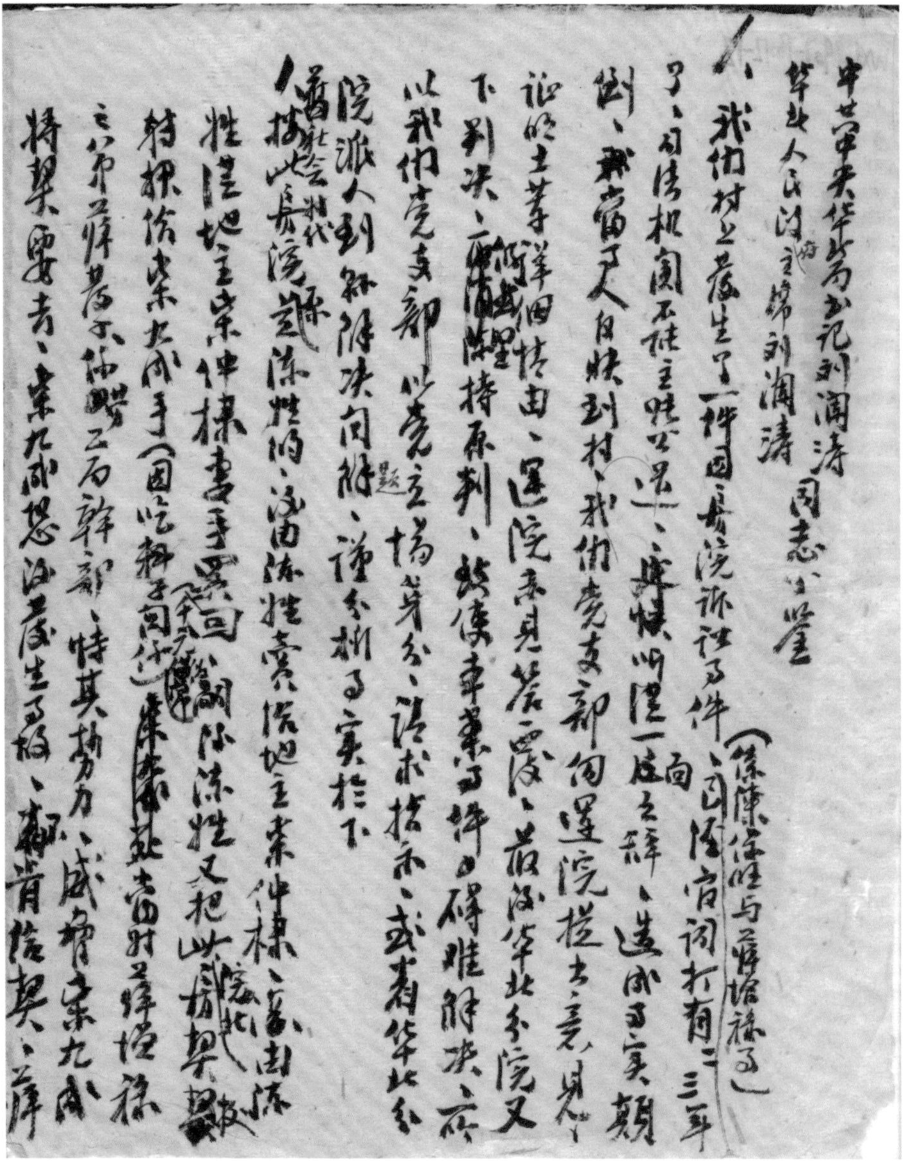

图 8-4　村党支部致刘澜涛的信

陈保旺不执行判决，自 1953 年 9 月 12 日起被扣押教育，经教育已转变改造，于 12 月 12 日教育释放，颁发此证。从这个时间来看，陈保旺对最高人民法院华北分院 1952 年 9 月 29 日的终审判决依然不服，不执行判决，故被教育改造 3 个月，时年已 66 岁。

文书里还保留有部分法院的回信、回函，有的使用办公信笺，都盖有单位的印章。（图 10-1、图 10-2、图 10-3、图 10-4、图 10-5）由此可看出中华人民共和国初期人民法院处理事务的有序性和规范性。

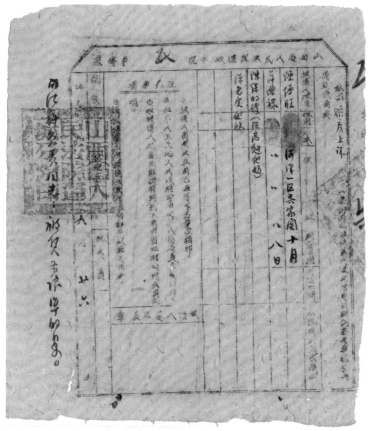

图 9-1　1951 年运城分院民事传票

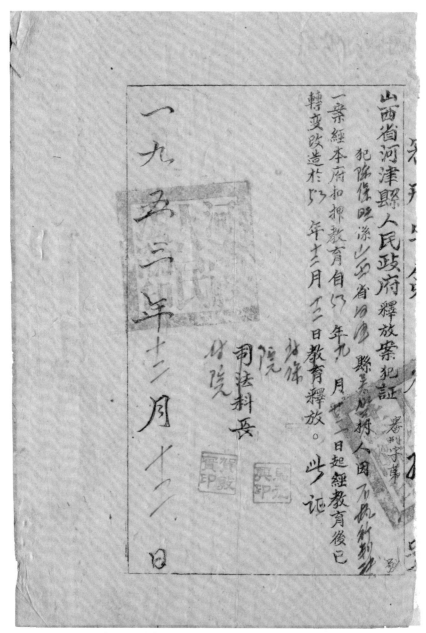

图 9-2　1953 年河津县人民政府发放的释放案犯证

山西省人民法院运城分院公用笺

河津县西巴关家窑村陈候照:

你的上诉书及此件均已收到，除将上诉书

转交最高人民法院华北分院外，请提意见。

我们拟似调查之难，将华北分院裁核知

调查后再函知去致

敬礼

图 10-1　法院回函（一）

河津一區吳家關村

陳條旺

收

山西省人民法院運城分院 緘

图 10-2 法院回函（

图 10-3　法院回函（三）

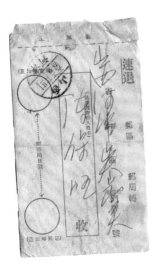

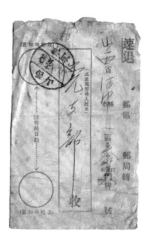

图 10-4　法院回函（四）

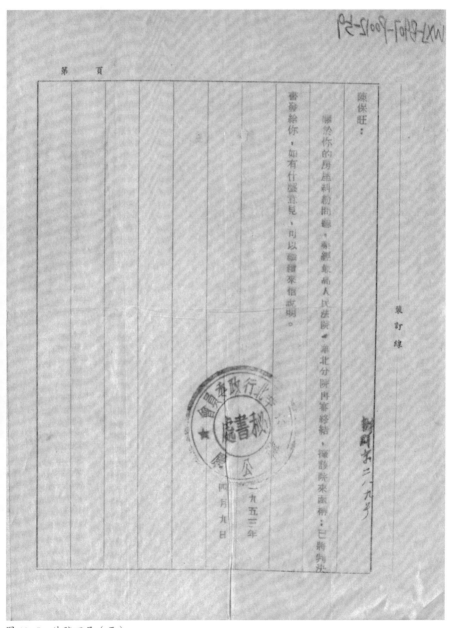

陈保旺：

关于你的房屋纠纷问题，业经最高人民法院、华北分院再审终结，据该院来函称：已将判决

书发给你，如有什么事儿，可以继续来信说明。

一九五三年
四月九日

图 10-5　法院回函（五）

三、中华人民共和国成立初期的民事审判程序解析

（一）关于立法及立法权

1949 年 2 月，中共中央发布了《中共中央关于废除国民党的六法全书与确定解放区的司法原则的指示》，明确规定："在无产阶级领导的工农联盟为主体的人民民主专政政权下，国民党的六法全书应该废除。人民的司法工作，不能再以国民党的六法全书为依据，而应该以人民的新的法律作依据。在人民新的法律还没有系统地发布以前，应该以共产党政策以及人民政府与人民解放军所已发布的各种纲领、法律、条例、决议作依据。目前，在人民的法律还不完备的情况下，司法机关的办事原则，应该是：有纲领、法律、命令、条例、决议规定者，从纲领、法律、命令、条例、决议之规定；无纲领、法律、命令、条例、决议规定者，从新民主主义的政策。"[1] 这一规定，为废除国民党伪法统、六法全书及其立法体制，确立中华人民共和国的立法体制，建立新中国社会主义法统及其立法制度，指明了方向。1949 年 10 月 1 日，中华人民共和国成立，逐步建立了新中国的立法体制。

（二）关于审理法院

中华人民共和国成立初期，设置了东北、华北、华东、中南、西北、

西南 6 大行政区，实行党政军一体化管理，至 1954 年 6 月撤销。行政区划也影响着法院设置。

1949 年 10 月 21 日，中华人民共和国中央人民政府最高人民法院成立，同年 11 月正式办公，印文由"中央人民政府最高人民法院"组成。1950 年 1 月起，最高人民法院在东北、华北等 6 大行政区设立最高人民法院分院，这些分院受最高人民法院的领导和监督，并在其辖区内领导和监督各级人民法院的审判工作。最高人民法院的 6 个大区分院是建政初期的一种临时性过渡安排。[2] 1954 年，中央决定撤销大区一级行政机构，最高人民法院 6 大分院随之撤销。1954 年《中华人民共和国宪法》颁布实施后，最高人民法院由"中央人民政府最高人民法院"更改为"中华人民共和国最高人民法院"。文书中提及的刘澜涛在 1948 年后担任中共中央华北局常委兼组织部部长、华北局副书记等职。中华人民共和国成立后，刘澜涛任政务院华北事务部部长、华北行政委员会主席。

这个时期，山西省即属华北区管辖。1950 年，运城正式划归山西省，成立运城专区。这时候，运城法院是山西省人民法院运城分院。河津县（今河津市，属山西省辖县级市）由运城管辖。所以，陈保旺案审理法院层级分别是河津县人民法院、山西省人民法院运城分院以及最高人民法院华北分院。文书中的 5 份判决书正是反映了山西省各级人民法院的设置及管辖关系。

（三）关于审级

陈保旺案有 5 份法院判决书，超出了一般的两审或三审的诉讼审理程序。这一方面说明该案当事人对判决结果的争议大，另一方面则反映了当时相关立法及法律规定的客观情况。

中华人民共和国成立初期，人民法院受理的民事案件主要有两类，一类是婚姻家庭纠纷，一类是财产权益纠纷。各地人民法院在民事诉讼程序上分别沿用各解放区的有关规定，因此，全国各地人民法院在诉讼程序的适用上是不统一的。[3]关于法院审级，最高人民法院曾在两个文件中予以说明。

其一，1950年3月24日，《最高人民法院关于审级组织领导系统诸问题的指示》中说明：不服县及省辖市人民法院之民、刑事判决者，得向省人民法院上诉；不服省人民法院之判决者，得向最高人民法院在大行政区所设分院上诉。分院所为第三审之判决，即为终审判决。

其二，1950年5月3日，《最高人民法院、司法部关于审级诸问题的批复》（司示字第89号）中说明：在法院组织法未颁布前，目前一般案件如对县（市）法院判决不服时，可向省人民法院或其分院上诉；再不服，可向最高人民法院分院上诉，最高人民法院分院，即为终审机关；而对某些重大案件，也可经由省法院、大行政区直属市院或最高人民法院分院受理。

所以对审级要看案件实际情况而定，不必拘泥于"三级三审制"。由此可见，这时期人民法院对受理的民事诉讼实行"三级三审"，对于重大或疑难的案件有例外情况。

1951年9月4日，《人民法院暂行组织条例》颁布，其中规定：人民法院基本上实行三级两审制，但重大或疑难的案件，应准许诉讼人提起第三审上诉，并应在判决书内记明。不服省级人民法院第一审判决的刑事、民事上诉案件及第二审判决准许上诉的案件，由最高人民法院管辖。

从上述规定来看，陈保旺案的多次上诉和受理是有法律依据的。该案二审判决后，当事人直接上诉到最高人民法院，从形式上看这是第三审上诉。当事人除了上诉，还通过各种方式的申诉、投诉等反映了对判决的不同意、不接受。这些情况也说明，在当时特定的环境和有限的条件下，在土地改革的背景下，各级法院均认真对待每次诉讼，使当事人的权益受到重视和维护。

中华人民共和国初期的民事诉讼程序直到 1954 年的《人民法院组织法》的实施才发生变化。该组织法将全国法院分为基层、中级、高级、最高人民法院四级（第 1 条），实行两审终审（第 11 条），延续至今的审级制度基本就此确立。1956 年 10 月，最高人民法院印发了《关于各级人民法院民事案件审判程序总结》，这是中华人民共和国成立后第一个专门规定民事诉讼程序的规范性文件。

（四）关于判决书

从陈保旺案的文书中，我们看到从地方一审法院到最高人民法院总计 4 个法院对同一个案件做出的判决，材料保存非常完整，很有意义。

中华人民共和国初期，法院判决书的文本结构相似，核心部分包括正文、事实和理由。正文也就是判决的结论，然后是事实和理由。依据事实进行分析，得出理由，有助于做出审判结果。与今日的判决书相比，当时的判决书在适用法律方面是缺失的，反映了那个时代的特征。中华人民共和国成立初期，法律制度处于初创阶段，面临法律规定的空白，立法工作尤为迫切。

从判决书的判决理由来看，最高人民法院判决之后的几次审理中，判决书对理由的分析解释更加清楚。比如，为什么将房屋分配给薛增禄，为什么陈保旺和嫂子登记的房窑证无效等。最后一次的审理中，该判决决定，对于案件关系人的情况继续交由基层法院调查、处理，可以说全面考虑到当事人的实际情况，维护当事人权益，这样的判决书有助于增强包括当事人在内的群众对判决结果的理解。

四、法律与现实

陈保旺案只是一个普通的民事纠纷，在两年多的时间里，历经5次审判，这更多地反映了中华人民共和国成立初期的时代特点。1949年前后的政权、制度、法律及政策的变化，对社会政治、经济各方面都产生着深刻影响。

该案争议焦点在于确认争议房屋的所有权以及被没收房屋的归属。该房屋本属典当房屋。房屋典当，是指房屋所有权人即出典人将自己所有的房屋交给承典人即典权人占有、使用收益，承典人按约定向出典人支付价金即典价，典期届满时，由出典人交还典价赎回出典房屋。此案的当事人薛增禄就是争议房屋的承典人，但他不是房屋所有人。

土地和房屋对每个人来说都至关重要。农村土地制度改革是中国人民在中国共产党领导下，彻底铲除封建剥削制度的一场深刻的社会革命，是我国民主革命的一项基本任务。1950 年 1 月 24 日，中共中央发出《关于在各级人民政府内设土改委员会和组织各级农协直接领导土改运动的指示》，开始在新解放区实行土改运动的准备工作。同年 6 月 30 日，中央人民政府正式公布《中华人民共和国土地改革法》，成为指导土地改革的基本法律依据。该法明确规定，废除地主阶级封建剥削的土地所有制，实行农民的土地所有制。没收地主财产，包括土地、耕畜、农具、多余的粮食及其在农村中多余的房屋。

《中华人民共和国土地改革法》也成为这个时期法院审理农村房屋纠纷的基本法律依据。该案中有争议的房屋的所有人是柴仲棣，他的阶级成分是地主。在土地改革中，该房屋即属地主财产，由村政府依法没收并重新分配。后来，被没收房屋由政府分给无房的原典居人薛增禄继续居住、所有。关于填发土地房产所有证，中央人民政府内务部有两个相关指示，分别是：1949 年 12 月 26 日发布的《关于填发土地房产所有证的指示》（内地字第二号）和 1950 年 11 月 25 日发布的《关于填发土地房产所有证的指示》（内地字第一二六号）。指示中强调，土地改革结束地区，封建土地制度已经消灭，急需颁发土地房产所有证（简称"土地证"），确定地权房权；办理手续务求简单，使农民易于执行，文字务求明了，使农民易懂。各地分发土地房产证时，应宣布旧文契一律作废。因此，该案中，对于有争议房屋之前的典当关系完全消失。颁发土地证，是土地改革中的一项重要工作，在领导上应当作政治任务来完成。各地要根据具体情况，通过各种形式，教育干部和群众，有组织、有领导地认真办理发证工作。同时，1950 年 11 月指示中的第四条特别说明："在发证前，必须注意解决土改中的遗留问题，及群众间土地房产纠纷问题。不然，潦草填发土地证后，会更引起群众纠纷，而影响群众的生产与团结。"此案中，在 1950 年登记房窑证的时候，陈保旺和嫂子柴银银就是把有争议的房屋填写入房窑证，分别将房子归自己名下所有，因此产生房屋纠纷。可见，在颁发房窑证的过程中，村政府并没有及时、妥善地处理房屋争议及其遗留问题，造成矛盾激化，导致该纠纷诉诸法院审判。

时代与制度的变革对个人生活的影响更是巨大的。通过该案例，可以了解当时的制度、政策和法律规定及相关状况；同样的，案例及其具体实践又是条文规定的生动注解。相信随着图书馆文书资料的不断整理，相关的资料会被进一步发现和挖掘，日益丰富的文书资料将在相关专业领域的科研工作中更好地发挥参考价值。

资料来源 ————————————————————————————————

［1］法学教材编辑部《法学概论》资料选编组编：《法学概论资料选编》，法律出版社，1987 年，第 4 页。

［2］刘忠：《四级两审制的发生和演化》，《法学研究》2015 年第 4 期，第 41—58 页。

［3］曾琼：《建国初期婚姻诉讼制度之渊源分析》，《求索》2009 年第 5 期，第 226—228 页。

解析清代乡试必考的作诗题

　　清代中后期的科举考试中，正式加入了考查诗歌写作的内容。在此之前，明、清两代的科举考试以八股文为主，但在清初，已经有文人学者开始反思科考八股文在文学和社会文化中所产生的弊端，因此，有观点认为"以诗取士又成为人们克服经义文和表赞判诰等剿袭剽窃弊端的一种尝试"[1]。清代科举考试中的诗歌以什么方式命题，考生以何种形式作答，考官又有什么样的评价标准，这些问题都可从清代留下的科考试卷中找到一些答案。

一、清代科举试帖诗的命题方式及要求

清代的科举考试，在制度上大体沿用明朝旧制，[2]分为乡试、会试、殿试三个层级。[3]其中，乡试是正式参加科举的第一关，考场设于京城及各省省城。乡试考试的形式，也与明朝相去不远，考试三场，首场考八股文，二场考经义，三场考策论。具体到每次考试，考题内容又略有调整。可以看到，在清代多数乡、会试的初场考试中，考八股文是固定的内容，而正式加考诗歌的传统则要到乾隆时期才得以确立。据学界现有的考证成果，最为主流的看法认为在科举正试中增考五言八韵诗始自乾隆二十二年（1757）。[4]余国藩先生在《〈红楼〉说文学》中明确谈道："乾隆二十二年（1757）——也就是目前可见最早的《红楼梦》手稿本在私人间流传后的第三年——乡试又增考五言八韵诗，亦即俳律，而省试和会试旋即跟进。即使在此之前康熙也开过博学鸿词科，要求各地生员加考诗赋。"[5]此外，顺治年间已在庶吉士馆选的考试中加考律诗；乾隆元年（1736）也召试了博学鸿词科。[6]总之，虽然在正式科举流程中加考五言八韵诗是乾隆时期才出现的新规，但在此之前，清代已有多次增考诗歌的先例。到了乾隆五十八年（1793），清代乡、会试的题目基本确定："初场为《四书》文三篇、五言八韵诗一首；二场，五经文各一篇；三场，策问五道，这一做法一直沿用至清末。"[7]

科举中考诗歌的传统，可追溯至唐代。唐代是诗歌繁荣的时代，诗的地位很高。但在科举考试中写作的诗歌，是一种有别于普通文人格律诗的专用诗体，通常被称作"试律诗""试帖诗"或"排律诗"。[8]科举考试对试帖诗的格式要求较为严格，从诗题、韵脚到格制均有限定，不允许出现出韵、失粘等情况，它的写作方式及要求与今天大部分朗朗上口、广为流传的唐诗有所不同。诗歌形式上，科举所考的通常为五言六韵诗或五言八韵诗，也就是说试帖诗有六联或八联诗句，而一般的近体律诗是四联诗句。另外，由于规定了明确的韵字，试帖诗通常是一韵到底的，中间不能换韵。到了清代，对于试帖诗格式及内容上的要求比唐代更加严格。除了格式上的明显差异，试帖诗和古体诗、近体律诗在内容导向上也有很大不同，商衍鎏《清代科举考试述录》将试帖诗和普通的文人诗之差异概括为："试律虽原于近体，但近体与试律实不相同。古近体义在于我，试帖义在于题；古近体不可无我，试帖诗不可无题，此其所以异者。"[9]这段话是说，文人写作的一般古诗与近体诗，主要是一种对自我的表达和抒发，因此诗歌中不可以缺失作者的主观感受；但试帖诗不一样，写作试帖诗的关键在于要能够扣题，最好地表达出题目中要求考生表达的内容，同时还要符合题中对韵脚等格式的要求。在考官判卷时，这种"命题作诗"的评价标准要点在于是否切题、是否对主题表达充分、是否符合格式要求，而文学的艺术性和创造性则相对次要。

那么，试帖诗的题目通常是什么样呢？以清华大学图书馆藏的一份清代同治庚午科（1870）顺天乡试墨卷为例，这一届的乡试试帖诗考题为"赋得人语中含乐岁声"，又在题目后要求"得'含'

字五言八韵"。首先，题目中的"赋得"二字，是试律诗或试帖诗命题的惯例。也因为试帖诗的题目均以"赋得"二字起头，又被称为"赋得体"。最为人所熟知的"赋得体"诗歌之一是白居易的《赋得古原草送别》，耳熟能详的"离离原上草，一岁一枯荣"也是一首应考的习作。《清代考试的文字：八股文和试帖诗》一文中明确解释了"赋得"这个词的意思："'赋'，就是诗，'得'，就是'合乎'的意思。就是说，要作一首诗，来描写出'五色诏初成'的意境。"[10]"人语中含乐岁声"规定了诗歌所需写作的内容，是需要写出人们在欢声笑语中庆祝丰年的升平景象。清代科举考题的内容通常都以歌颂社会治平、盛世清明或吟咏时令为主题，这也是历代试律诗的共通特点。其次，"得'含'字五言八韵"规定的就是这次诗歌考试的格式，"含"字为韵字，属于下平十三"覃"字韵部，这表示考题要求诗歌需押"覃"字韵，同时在诗的第二联韵脚或第四联韵脚处需要用上"含"字；"五言八韵"规定的是诗歌句式，即需要写作五言诗，共八联。这种试帖诗的命题方式不仅运用于乡试，也在会试中使用。

　　通过试帖诗的命题方式和写作要求能够看到，科举中诗歌的写作和八股文写作有本质上的相通之处，最主要的共同点在于对主题的明确规定和对格式的严格要求。所以，在评价这些诗歌的时候，也不能以阅读普通诗歌的直觉和感受简单判别高下，科举判卷自有整套的评判体系和导向。

二、"墨卷"的形式

　　清华大学图书馆所藏的这份同治年间顺天的试卷题为"乡试墨卷"。（图1）什么是"墨卷"呢？从名字上看，可知是由墨色书写而成的试卷。在清代，乡试和会试时由考生用墨笔书写的试卷都被称为"墨卷"，而与之相对的，还有"朱卷"。"朱卷"是由专人以朱笔誊抄考生墨卷后呈送主考官审阅的试卷，这种做法是为了防止考生在墨卷上做标记或被考官认出字迹而舞弊，影响科考的公平性。科考中设有专门的誊录官一职，但他们"只负责监督，实际誊写时多半使用胥吏（书记）"。朱卷誊抄完成后，将连同墨卷一起交由对读所校对，校对无误方能将墨卷封存起来，朱卷交由考官评阅。

　　在乡试环节结束后，考生的墨卷还另有用途。清代的乡试后、会试前，还会举行"举人覆试"，其性质相当于"会试的预备考试"。清代的举人覆试"在一天内结束，阅卷大臣奉命必须在四天之内完成评阅。答卷的成绩分为五等，名簿上呈天子，天子再命磨勘官和覆勘大臣点检。覆勘大臣等先将答卷与乡试的墨卷比对，确认笔迹是否相同"。

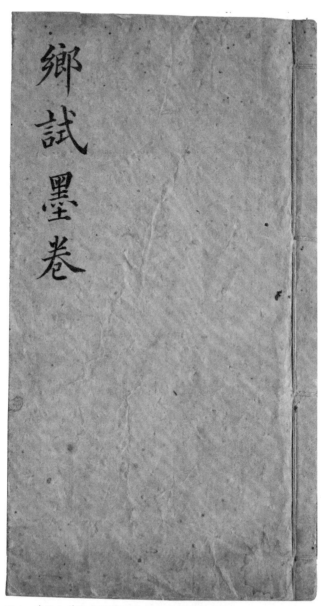

图 1　清华大学图书馆藏同治顺天乡试墨卷书衣

可以看到，墨卷作为科举考生原始作答的试卷底本，其重要性不言而喻。在程序严谨的科考中，对墨卷的书写格式也有非常明确的规定。《清代科举考试述录》中就乡试墨卷的卷面、卷内和卷背都予以了说明："墨卷为士子乡试入场考试作文之卷，因试文用墨写，故曰墨卷。分为第一场、第二场、第三场，试卷面正中盖第几场墨戳，下由应试者亲书某府某县学籍附生或廪生或贡生本人姓名，旁盖'千字文'编列座号戳。""内页由士子亲书姓名、年岁、形貌、籍贯，本身并无违碍过犯，由某生应某年、某科、本省乡试，后开曾祖、祖、父三代之名，下旁注故存，是为履历。""后为试卷，每页六行，界红线横直格，每行二十五字。第一、二场皆十四页，第三场十六页，用以誊写各场文字，均须楷书。" 清代不同地区的乡试墨卷在格式要求上大同小异。

但是清华图书馆藏的这份同治顺天乡试墨卷并非原始的科考答卷，而是由书坊在科考结束后据原始的卷宗刻印装订而成的书册。其内页上，标注有"同治庚午科""大主考鉴定""顺天乡试闱墨"的字样，又标有"聚奎堂原板"的板刻信息。（图2）根据装帧版式、卷首内容或页数、印戳等信息都可判断，该份板刻的乡试墨卷内容为顺天庚午乡试第一场的答卷，在科考结束后印刻出版，用以发行流通，供准备参加科举的考生参阅。因此，该份"墨卷"无论在形式或卷端的内容信息上都与原始的试卷不同。内容上，这份"墨卷"按照当年举人的该场考试名次为序，前半八股文部分，每半叶九行，每行二十五字；后半试帖诗部分，每半叶七行，其中正文六行，第七行标注考生的房号，每行二十字。文中还印有圈点符号，便于阅读。虽然通过这份馆藏的"墨卷"，无法完整看到同治庚午科顺天乡试第一场墨卷的面貌，但它为我们提供了额外的重要信息，即当年这场考试的排名情况。

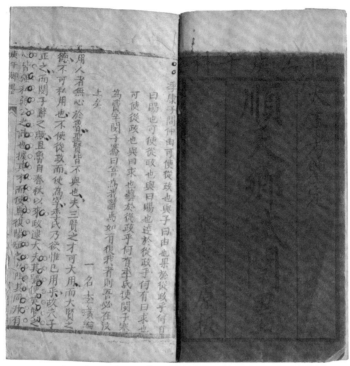

图2　同治庚午科顺天乡试墨卷

三、清代科举试帖诗的评判标准和价值导向

　　试帖诗作为科举考试中特有的一种诗歌类型，其写作章法自然与常规的古诗和近体诗不同，为了在题目、用韵、用字、句法、格律等各方面皆符合要求，考生们首要考虑的必须是诗歌格式上的合规，其次才能在主题书写和诗歌境界上有所发散。

对于试帖诗写作的标准，张之洞提出："宜工（不率）、切（不泛）、庄（不佻）、雅（不腐）。"作为同治二年（1863）的进士，张之洞的看法对于我们回溯清代试帖诗的评判标准具有重要的意义。

带着这样的标准，来看同治年庚午科的这份顺天乡试墨卷，排名第一的诗歌为：（图3）

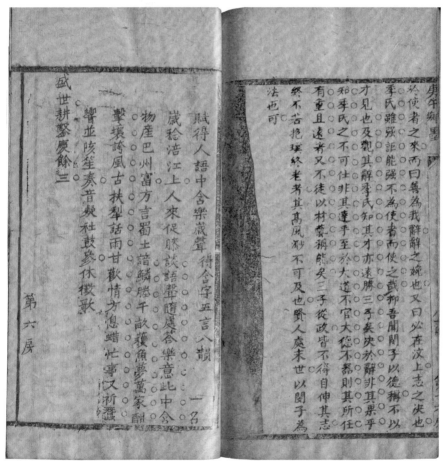

图3　第一名的答卷

岁稔涪江上，人来促膝谈。语声随处答，乐意此中含。

物产巴州富，方言蜀土谙。鳞胜千亩获，鱼梦万家酣。

击壤夸风古，扶犁话雨甘。欢情方息蜡，忙事又祈蚕。

响并陵笙奏，音疑社鼓参。休征歌盛世，耕凿庆余三。

乡试中的试帖诗作，未必能够具备较高的文学水平，不仅是其内容缺乏艺术创造性，而且在意象的使用、韵字的选择上都容易流入俗套，对比这份墨卷中的其他诗作，就能看出这种特点。墨卷中排名第二的诗歌为：（图4）

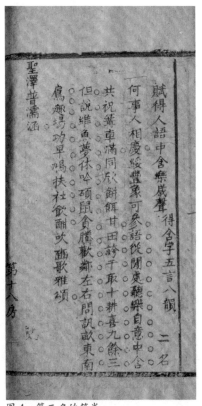

图4　第二名的答卷

何事人相庆，绥丰象可参。语从闲处听，乐自意中含。

共祝篝车满，同欣饼饵甘。田夸千取十，耕喜九余三。

但说维鱼梦，休吟硕鼠贪。腾欢邻左右，问讯亩东南。

属趣场功早，鸠扶社饮酣。吹齃歌雅颂，圣泽普濡涵。

与第一首相对比，在韵字选择上除了必须使用"含"字的第二联外，其他韵字也多有重复，"参""甘""三""酣"等字在两首当中均被使用。

再结合第三名的诗作来看：（图5）

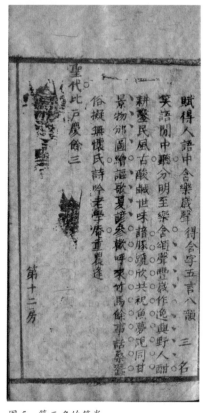

图5　第三名的答卷

笑语闲中听，分明至乐含。颂声丰岁作，逸兴野人酣。

耕凿民风古，酸咸世味谙。豚蹄欣共祝，鱼梦说同甘。

景物邻图绘，讴歌夏谚参。欢呼来竹马，余事话桑蚕。

俗拟无怀氏，诗吟老学庵。重农逢圣代，比户庆余三。

同样，在韵字的选择使用上，这首和前两首诗作多有重复，"酣""甘""谙""参""蚕""三"等字在前两首中也都出现。此外，"鱼梦"这一意象在三首诗作中都被使用。可以看到，除了题目中明确要求的"人语""乐岁声"等必须出现的固定意象外，其余用以描写丰收与欢庆景象的意象也颇为相近。

即便与墨卷中排名最尾的诗作相较，这些试帖诗在写作技法和内容表达上也没有凸显出明显的过人之处。墨卷中第二十名的诗作为：

人语分明处，丰年信早谙。欢从声外播，乐自意中含。

絮絮情偏畅，熙熙象可参。阜财弦谱五，足食籯余三。

刈麦才听鸟，条桑又问蚕。八家风近古，十日雨流甘。

报赛羔频献，催科鼠不贪。降康歌盛世，膏泽万方涵。

第二十二名为：（图6）

岁乐人偕乐，新诗诵剑南。欢声风外卷，淑气语中含。

贻谷联阡陌，余耕溢九三。逢年偿作苦，携幼快分甘。

種稑豳图绘，枌榆社饮酬。农皆觥献兕，女亦茧称蚕。

亚旅寒暄话，承平雅颂参。绥丰歌亿秭，帝泽万方涵。

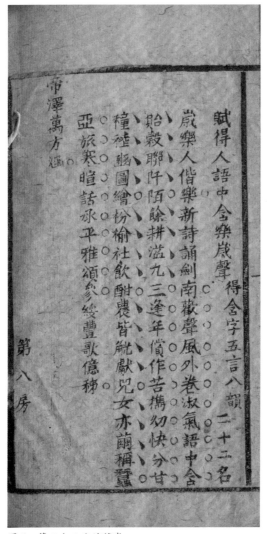

图6　第二十二名的答卷

从诗歌鉴赏的角度来看，这些诗作之间的相似之处大于它们的差距，从中难以看到高超的文学创作水平，这正是由试帖诗的特殊性质造成的。作为对格式要求严格的应试诗，试帖诗在写法和结构上都自成一套模式。由于长久以来对科考的准备，考生们更是练习了大量的诗歌语言模板，无论从用韵、用字还是平仄对仗、意象选择上都形成了能够应对科考的作诗技法。对技法的充分熟悉和过度使用，造成了语言表达容易陷入陈词滥调的窠臼中。因此，袁枚从文学鉴赏的角度谈及试帖诗，就认为："以诗为诗，犹之以水洗水，更无意味。"脱离文学本位的立场，从试帖诗自身的写作特性来看，有人提出看法："试律诗既不重视情感的抒情，又不讲究含蓄不尽的审美效果，比兴的优势对试律诗而言无关紧要。更重要的是，由于试律诗以合题为第一要义，题目之字必须在首联或次联点出，点出方式正是直赋题事，如此一来，在试律诗中，赋的手法反而更加常用一些，故张潜《诗法醒言》于咏物、赋得、试帖体后引沈兴之语曰：'诗体繁多，不必具论，唯咏物及试帖三体俱要从赋而入。即使傍衬，亦必由比而入。若局外闲语，此体多用不着。'"也就是说，在评价试帖诗的高低优劣时，不必从其内容表达和语言表现的发散性与创造性方面做出过多要求，扣题是非常重要的，此外，能否充分领会出题者的意旨，将庆颂盛景和经世致用的内涵准确表达出来，是区分试帖诗高下的标准，同时也是最为核心的价值导向。

再将同治庚午科的这份墨卷中第一名和第二十二名的诗作加以比较，能够看到，第一首诗在扣题、"不泛"的基础上，不仅做到了张之洞所说的"工""庄"的要求，在"雅"这一方面也表现较好，语意连贯而不陈腐。而第二十二名则在对仗上显得较为生硬，同时"承平雅颂参""帝泽万方涵"这样的语句在语意上也比较空泛。以试帖诗特有的评价标准来看待墨卷上的这些诗作，能够更好地理解其排名。

从清代试帖诗的命题和评判标准来看，科举考试以这样的方式选拔人才，首要考虑的仍是知识的经世致用，"不率、不泛、不佻、不腐"强调的都是中正平和的气象，这种诗歌评价体系承载的是表现和呼吁社会升平之象、清正之风的价值导向。

作为特殊的应试诗，对试帖诗的评价难以用普通的鉴赏眼光来进行，我们能够根据文献中留下的论述资料从理论上得知其写作要求和品评标准，却很少将理论标准和清代实际的科考试卷结合起来，直观感受试帖诗独特的写作和评价体系。清华大学图书馆所藏的这份同治庚午科顺天乡试墨卷，难得地提供了一份具有明确排名情况的答卷，便于我们直接看到试帖诗高下优劣的评价方式，了解清代科举取士的规则与导向。这份墨卷还呈现出了乡试考生之间细微的差距和较大的共通性，充分展现出科举考试的制式化和流程化的一面。

资料来源

［1］汪小洋、孔庆茂：《科举文体研究》，天津古籍出版社，2005年，第135页。

［2］"考试题目……至清沿明制，仍用八股文，谓之制义，亦曰制艺、时艺、时文，简称为四书文经文，行之乃至数百年。"商衍鎏：《清代科举考试述录》，故宫出版社，2014年，第75页。

［3］"清朝大体因袭明制，但在'乡试'前设有'童试'，它既是县、

州、府学的入学考试，也是获取'秀才'资格的考试，考上'秀才'后才能参加乡试、会试、殿试的逐级考试。"伍德勤、贾艳红、袁强：《中外教育简史》，安徽大学出版社，2002 年，第 112 页。

［4］刘海峰《科举制与儒学的传承繁衍》："乾隆二十三年（1758）规定岁试加考五言八韵诗一首，变岁试为书艺一、经艺一、诗一；科试书艺一、策一、诗一，仍摘问经义，令诸生条对，并不拘何经，摘取一段，令其默写。"这里作者采用的是岁试的年份，实际与后文所提的 1757 年乡试为同一届科举考试。载贾磊磊、孔祥林主编：《第一届世界儒学大会学术论文集》，文化艺术出版社，2009 年，第 170 页。

［5］余国藩：《〈红楼梦〉、〈西游记〉与其他——余国藩论学文选》，生活·读书·新知三联书店，2006 年，第 137 页。

［6］徐美秋《清前期科举用诗考》："清代第一次召试制科，是康熙十八年（1679）的博学宏词科，试题为一赋一诗；到乾隆元年（1736）再次召试博学宏词，第一场考赋、诗、论各一；二年（1737）补试续到者，第二场考赋、诗、论各一，都考了试律诗。"载吴兆路、［日］甲斐胜二、林俊相主编：《中国学研究》第十一辑，济南出版社，2008 年，第 214 页。

［7］刘海峰、李兵：《中国科举史》，东方出版中心，2004 年，第 360—367 页。

［8］"唐代科举考试用五言六韵，称'试律诗'，清代用五言八韵，称'试帖诗'。"戴燕：《远游越山川：魏晋南北朝文学史研究论集》，复旦大学出版社，2017 年，第 166 页。

［9］商衍鎏：《清代科举考试述录》，第 276 页。

［10］郑天挺：《清代考试的文字：八股文和试帖诗》，原载《故宫博物院院刊》1982 年第 2 期，载孙卫国编：《郑天挺文集》，南开大

学出版社，2019 年，第 139 页。

[11]〔日〕宫崎市定著，马云超译：《科举史》，大象出版社，2020 年，第 91 页。

[12]〔日〕宫崎市定著，马云超译：《科举史》，第 111 页。

[13]〔日〕宫崎市定著，马云超译：《科举史》，第 111—112 页。

[14]商衍鎏：《清代科举考试述录》，第 88 页。

[15]〔清〕张之洞：《輶轩语》，载苑书义等主编：《张之洞全集》第十二册，河北人民出版社，1998 年，第 9803 页。

[16]〔清〕袁枚：《随园诗话》卷七，浙江古籍出版社，2010 年，第 135 页。

[17]王宏林：《乾嘉诗学研究》，百花洲文艺出版社，2017 年，第 254 页。

地方文书中的方寸天地
——清华大学图书馆藏印花税票

　　印花税是由纳税人自行购买印花税票并计算应纳税额，以完成其纳税义务的税种。它与财产转移、商业活动以及许可证授受等行为密切相关，其纳税方法与其他税种有较大不同。印花税起源于17世纪有"海上马车夫"之称的荷兰，印花税票的早期形态是用雕刻过的滚筒在应税凭证上推出"印花"。随后其他各国纷纷效仿，1854年，奥地利政府对"印花"进行了重要改进，印花税票遂在奥地利诞生。印花税票与邮票类似，纳税人要自己购买并粘贴在应税凭证上，并按规定在印花税票上盖戳注销，才算完成纳税流程。

　　清朝总理海军事务大臣奕劻奏请清政府采用税票表示完税的税收制度，首次将印花税概念引入中国。1913 年，北洋政府财政部开始正式征收印花税，直至 1958 年中华人民共和国税制改革，印花税并入到工商统一税，印花税条例废止，印花税票停止使用，前后沿用 45 年。由初期的混乱发展，到逐渐有序，再到成熟发展，印花税经历了不同的发展阶段，其间发行过的印花税票种类繁多、规格驳杂。据统计，中华民国时期印制发行了 9 套通用印花税票，另有 29 个地方政府还印制了地方版印花税票，同时期的各伪政权也都在各自管辖范围内发行了印花税票。自中华人民共和国成立后直到 1958 年，又发行过两套通用印花税票。面对如此庞杂的印花税票，若要厘清其发展脉络及使用状况，除了文献考证，还需要系统的实物提供佐证。

　　清华大学图书馆藏有 10 万余件地方文书，其中大多贴有印花税票，时代由北洋政府到 1958 年。这批贴有印花税票的文书种类齐全，包括官契、草契、房窑证、账本、民事判决书、分家单、过继书、借条、婚书、各种证照等，不但可以考见印花税在中国的发展历史，亦可从中考知其在当时的实际应用范围及执行状况。本文即以这批文书实物为中心，结合文献记载，分别对北洋政府、南京国民政府、中华人民共和国三个时期的印花税的制定实施以及印花税票的发行使用状况进行考察综述。

一、北洋政府时期

清光绪十五年（1889），奕劻等人为了筹措扩建海军的军费上奏朝廷，想要仿照外国筹措军费之法试行印花税，其后大臣们又多次上奏。清廷曾于1902年和1907年两次试办，1909年至1911年又在全国范围内强力推行，都因商民的强烈反对而告终。直到清朝灭亡，印花税都未能实施。

1912年10月21日，北洋政府颁布《印花税法》，1913年正式开始征收印花税。印花税票的发行机构最初是以财政部为总发行所，中国银行总行、邮政总局、电报总局、京师及各省会商务总会为分发行所，银、邮、电、商下设的分支机构为支发行所。国税厅成立后，由国税厅筹备处监督印花细则及印花税法实施细则，并为印花税票分发行所。但当时各种苛捐杂税繁多，加之印花税刚刚颁行，人们对其不甚了解。当年所收到的印花税款仅为几万元。北洋政府为了拓宽印花税销路，更快更多收集税款，又增加县署发行所和殷实商户来发售印花税票。

清华大学图书馆藏有袁世凯洪宪元年（1916）的土地买契，（图1）文中内容是张祯将自己名下的土地卖与刘兴亨，中证人、牙纪（居间促成两方达成交易并从中获取酬劳的人）、印章俱全。卖价为12元5角，应纳税额7角5分，可以看出契税是按6%收取。按《印花税法》规定：契约、簿据价值在银元10元以上者贴印花2分。买契上按规定贴有 2 分绿色长城图印花税票。从这张文书中看出契纸费、牙纪费用、契税还有中证人都是要有所花费的，最后还要粘贴印花税票来交印花税。这块土地总卖价是 12 元 5 角，除去上列的花销后，到手的收入也不过只有卖价的 8 成左右。由此看出民国百姓身上沉重税收负担和艰难的生活。

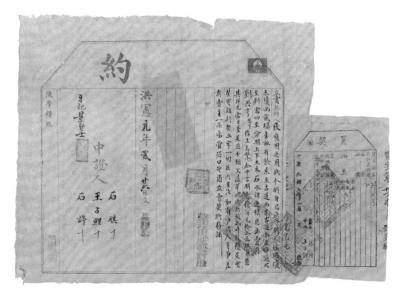

图 1　洪宪元年（1916）地契

　　缴纳规定税额后，印花税票还要粘贴到契约凭证上，此时还需要经过一道手续才算是具有法律效力的证物。这道手续就是划销印花税票，划销方式为在粘贴的印花税票上划线或加盖印戳。为何要划销呢？《印花税法》（1912 年版）第四条规定："契据应贴之印花，由立据人于授受前贴用，并加盖图章或画押于印花税票与纸面骑缝之间。"对税票进行划销是防止印花税票重新使用的一项最有效的措施。对于不贴印花税票或者未按照规定划销者，《印花税法》（1912

年版）第八条也做出了规定："应贴印花之件，如不依本法贴用，或贴用时未曾盖章画押者，按照应贴数目，罚贴印花百倍。如已贴印花盖章画押，而所贴不足定数者，照应补之数，罚贴印花五十倍。"这些法规充分体现了印花税的轻税重罚原则。

洪宪元年的土地买契与清华大学图书馆藏民国十八年（1929）典契文书（图2）中印花税票的划销分别是签章和划线。但在实际生活中，不贴或少贴、贴用而未划销、旧印花重贴的情况也还是存在的。如馆藏民国八年（1919）山西省清源县北营村陈宝世的土地卖契，（图3）土地买卖的各种手续都已齐备，唯独印花税票没有按规定进行划销。

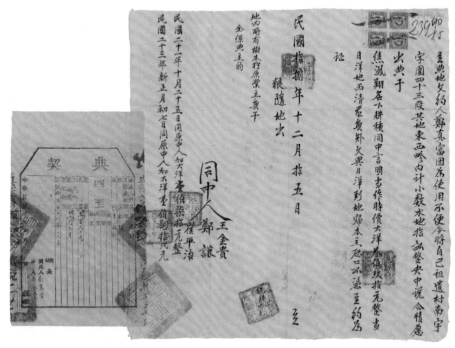

图2　民国十八年（1929）典契（印花税票划线划销）

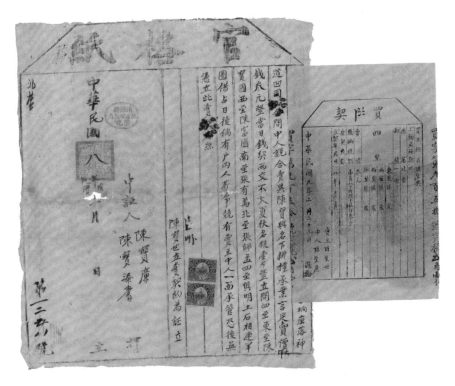

图3 民国八年（1919）地契

　　中华民国北洋政府时期前后共发行了两版税票，它们分别是长城图印花税票与嘉禾图印花税票。长城图印花税票由北洋政府财政部于1913年3月1日印制发行，是北洋政府的第一套印花税票。其主图案是长城的经典建筑烽火台，长城象征着国家；北洋政府时期的国旗五色旗在上飘扬，五色旗为红、黄、蓝、白、黑，分别代表汉族、满族、蒙古族、回族、藏族，象征着五族和平相处，国家团结。主图案上方印有"中华民国印花税票"字样，票面标有中英文面值，四周环绕麦穗图案，习称"长城图印花税票"。（图4）此套税票有赭色壹分、绿色贰分、红色壹角、紫色伍角、蓝色壹元5种面值。

票幅 33 mm×25 mm，齿孔度数 14 度，可以表示为 P14。面值伍角和壹元 2 种票因面额较大，使用较少。1916 年印制发行了第二版长城图印花税票，只发行了壹分和贰分 2 种面值。

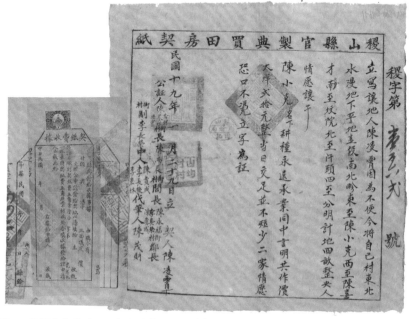

图 4　民国十九年（1930）山西省稷山县典契

　　根据《中国印花税票总目录》，两版印花税票的差别在于：①第一版"壹"字第二笔出头，最后一笔横笔画向上翘，（图 5）二版则不出头，最后一笔横笔平直；（图 6）②第一版"贰"字中的"贝"字竖笔上粗下细，最后一笔"点"是标准点，第二版"贰"字中的"贝"字竖笔上下一致，最后一笔"点"略宽；③第一版"2 cent"中的"2"粗，"s"下部相连；第二版"2 cent"中的"2"细，"s"下部不连。（图 7、图 8）

图 5　第一版赭色壹分长城图印花税票　图 6　第二版壹分长城图印花税票

图 7　第一版贰分长城图印花税票　图 8　第二版贰分长城图印花税票

　　民国政局动荡，军阀各自为政，为了保证军队物资和战备的需要，保护该地区的权益，防止税收的经济来源向外流出，出现了加盖票和地方仿制票。加盖省、市名的印花税票只能在本辖区范围内使用，以防其他省、市的印花税票流入。下图为加盖隶书"晋省"、（图 9）宋体"晋省"（图 10）和加盖市、县名"孝义县"、（图 11）"豫省洛阳"的印花税票。（图 12）

图 9　加盖隶书"晋省"的印花税票　图 10　加盖宋体"晋省"的印花税票

图 11　加盖"孝义县"的印花税票　图 12　加盖"豫省洛阳"的印花税票

饶立新曾在《中国印花税与印花税票》中指出："长城图是民国时期公开发行的第一版印花税票，也是我国使用时间最长的（从1912 年用到 1928 年，有的地方甚至用到 30 年代）。"[1]在整理中看到民国十九年（1930）的土地契约贴有长城图印花税票，其使用年限目前可以证实到 1930 年，比饶立新提出的确切时间 1928 年推后了 2 年。这对阐明印花税和印花税票的发展历史以及税款征收机构的建设有一定的意义。不排除后续还会出现新的资料进一步证实长城图的截止使用时间。

长城图印花税票从民国二年（1913）发行，京师当年收入 57 000元，到民国六年（1917）各省收入合计已达 2 492 298 元。[2]印花税虽然征收税额少，但征收类目多、范围广、起征点低、手续简便，其聚财作用逐渐显现。不过北洋政府的中央财政部门用印花税票做抵押向银行借款，可又无法偿还，故滥印、滥抵。各省逐级向下强制摊派销售印花税票，滋事扰民，军阀又各自为政，纷纷截留或减少本该上交的款项。北洋政府为了整顿印花税制和税票发行乱象，决定发行新的印花税票。

这套新发行的印花税票在 1925 年 9 月发行，主要图案由四段形似丰收稻穗的纹样相对组成类似葫芦的图形，葫芦图形中央印有"中华

民国印花税票"，左右两边各有小麦穗图案。此套印花税票主图案的
丰收稻穗被古人称为"嘉禾"，是吉祥的象征，所以这套印花税票称为"嘉
禾图"，又称"麦穗图"。（图13）全套有3种面值，（图14、图
15、图16）规格约为26 mm×24 mm，齿孔为14度。左上标有英文面值，
右上标有中文面值；左下和右下标有省、市名。但个别地区还有加盖县、
市名的现象，如加盖"昔阳""高平县"，经查实，两地都是山西所属县、
市。（图17、图18）嘉禾图从发行后只在北洋政府控制的部分省、市
地区流通使用，使用时间只有两年，发行量也不大。

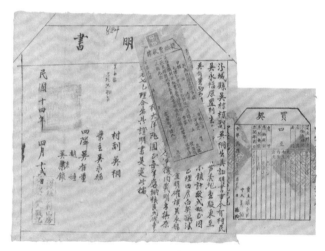

图13　民国十四年（1925）证明书上有嘉禾图印花税票

图14　贰分嘉禾图印花税票

图15　壹分嘉禾图印花税票

图 16　壹角嘉禾图印花税票　图 17　加盖"昔阳"的印花税票　图 18　加盖"高平县"的印花税

二、南京国民政府时期

　　1927 年，以蒋介石为核心的国民党在南京成立国民政府。中华民国国民政府开始大规模发行印花税票。当时由于各省份在各自辖区私自印制、发行印花税票，且没有统一的印花税法，交互错杂。于是南京国民政府财政部征集旧印花税法和各省单行的印花税规章制度，对印花税法进行了重新修订，《国民政府财政部印花税暂行条例》于同年 11 月 23 日施行。在这一规定的基础上，发行了新版印花税票即地图旗图印花税票，废除了北洋政府时期印行的印花税票。1927 年，地图旗图印花税票由国民政府财政部发行，上海大东书局印制了第一版；1928 年，上海大东书局印制第二版；同年北平财政部印制局也有印制。

　　地图旗图印花税票于 1927 年 11 月 1 日发行。票面中心图案由国民党党旗（青天白日旗）和中国地图组成，外有一个圆，象征着国家南北统一、团结。上端从左至右印有"国民政府印花税票"八个字。两端是麦穗图案，下端标有中英文面值。后因为各省需求不一，加之印花税票上印制省名，制版比较繁琐，故在印花税票上加盖省、市名以示区分。（图19）加盖省名主要是两种字体，一种为楷书字体，且字体间距较小，叫"窄距票"。此票多为上海大东书局印制的第二版。（图20、图21、图22）另一种为隶书字体，字体位于票面左右两端，字体间距离在9—10 mm，所以称为"宽距票"。此版票由北平财政部印制局印制，（图23、图24、图25）旗徽下的白线是4条，而上海大东书局第一、第二版是5条白线，这是二者的区别。另外也有一些加盖字体。还有一种加盖月份的，即限制在所加盖的月份使用。这样既便于印花税票发行数量的整理、计算，又保证地方税源的营收。例如加盖"山西曲沃戌"，即表示该税票限制在山西省曲沃县使用；（图26）加盖"山西清源西"，即限制在山西省清源县使用。（图27）

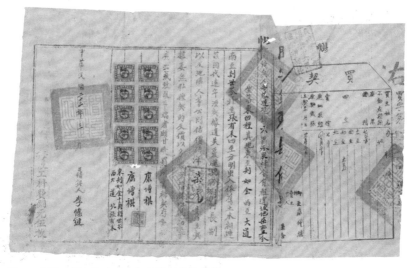

图19 民国二十三年（1934）山西闻喜县补契

图 20　加盖楷体"山西"的壹分印花税票　图 21　加盖楷体"山西"的贰分印花税票

图 22　加盖楷体"山西"的壹角印花税票　图 23　加盖隶书"山西"的壹分印花税票

图 24　加盖隶书"山西崞县"的贰分印花税票　图 25　加盖隶书"山西"的壹角印花税票

图 26　加盖隶书"山西曲沃戌"
的壹角印花税票　图 27　加盖"山西清源酉"的贰分印花税票

1934 年 5 月，国民政府财政部召开全国财政会议，决定印花税票由邮局代售。9 月，财政部与邮政部签订《邮政局代售印花税票办法》，该办法规定邮政总局为出售印花税票总机关，各邮政局及支局为发售或分售处，各邮寄代办所及各邮政信柜为代售处。11 月 1 日，发行六和塔图印花税票，由国民政府财政部印制局北平印制发行使用，所有旧印花税票自该日起作废。1934 年 12 月 8 日，国民政府颁布新的《印花税法》。其后，为了满足使用需求，该版印花税印刷发行了 3 次：上海大东书局股份有限公司 1938 年版、重庆京华印书馆 1941 年版、福建百成印务局 1942 年版。

六和塔印花税票亦称"宝塔图印花税票"。六和塔又名"六合塔"，取天地四方之意。以杭州六和塔作为主要图案。（图 28）此套税票发行有 6 种面值，分别对应不同颜色；壹分为赭色，贰分为绿色，壹角为黄色，贰角为洋红色，伍角为紫色，壹元为蓝色。由多个不同厂印刷，所以有不同版本。清华大学的馆藏以赭色壹分和绿色贰分两种面值使用较多。（图 29、图 30）按照当年的决议，由邮局系统独家发售，税务机构不再发售税票。所收税票款项于月终汇总，就近上缴，遏制了北洋政府时期招商包征、层层摊派的乱象。

1938 年，国民政府财政部发行了人像图印花税票，首版税票由香港大东书局负责印制。其后，重庆印制局于 1940 年，上海大东书局股份有限公司于 1942—1944 年期间均有印行，中央信托局印制处和上海大东书局重庆印刷厂亦多次印制发行。

1943—1944 年，国民政府财政部发行了复兴关图印花税票，委托重庆中央信托局印制处印制。由三家印制厂共进行了 3 次印制，分别是 1944 年的重庆京华印书馆、福建白城印务局和桂林西南建成印刷厂。1945 年由大东书局渝厂印制。

图28　民国二十四年（1935）山西汾城县地契上方有六和塔印花税票

图29　壹分六和塔图印花税票　　图30　贰分六和塔图印花税票

1946年，国民政府财政部发行了球旗图印花税票，由振明印书馆印制。1947年中央印制厂上海厂也有印制。

1946年，国民政府发行了联运图印花税票，由多家印刷厂印制，分别是中央印制厂上海厂（又称上海中央版）、大东书局上海印刷厂（大东版）和振明印书馆印制（振明版）；1947年由中央印制厂北平厂印制（又称北中平央版）；1948年英华印刷厂印制（英华版）。

1948年，国民政府发行农工图印花税票，由中央印刷厂印制发行。

此外，当时的解放区也发行了印花税票。

关于国民政府时期发行的印花税票，清华大学馆藏文书中以地图旗图和六和塔图印花税票最多，还看到有少量天坛图。（图31）但天坛图印花税票是由伪华北政务委员会于1941年发行，面额见有

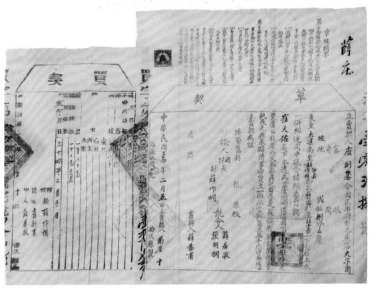

图31　民国三十四年（1945）山西曲沃县地契上有天坛图印花税票

绿色壹分、橙色贰分、青色肆分、褐色陆分、暗青色壹角、黄绿色贰角、紫色伍角、红色壹元、暗褐色拾元、黑色壹佰元等等，并加盖改额票。图案以天坛祈年殿为主要图案，上铭"中华民国印花税票"字样，下有中英文面值。规格 21 mm × 19 mm，P14。在清华图书馆藏文书中，目前只发现壹角天坛图，（图 32）暂未发现其他面值。

图 32　壹角天坛图印花税票

三、中华人民共和国成立后（1949—1958）

中华人民共和国成立后，印花税继续推行。发行的第一套印花税票是 1949 年 11 月的旗球图印花税票。（图 33）这套税票继续采用同图不同颜色的形式，面额从一元到十万元不等。旗球图印花税票由五星红旗、中国地图、齿轮和地球组成。五星红旗高高在上飘扬，地球左右两端环绕麦穗图案，票面两端各有一根柱子，齿轮图象征工业，麦穗图象征着农业。票面上方印有"中华人民共和国印花税票"

字样，下方左右两端用阿拉伯数字和大写汉字标有面值。面值中间印有发行年份，这是与民国时期印花税票在票面上一个比较明显的区别。这套税票由国家统一颁发铜模印版，各大行政区分散印制。初期是无地名票，即未添加各大行政区地区名的印花税票。中期有地名票，添加六大行政区名，有中央直辖（华北）、华东、中南、西北、西南、东北六大区。后期为了厉行节约，减少浪费，多对库存印花税票进行加盖、改值。旗球图印花税票分别在六大区内印刷厂印制、发行及各自区域内流通使用，有 70 套左右，种类繁多。且因为初期和中期使用的纸质不同，出现了厚纸无齿、薄纸无齿、无地名有齿、有地名有齿的区别。（图 34—图 43）

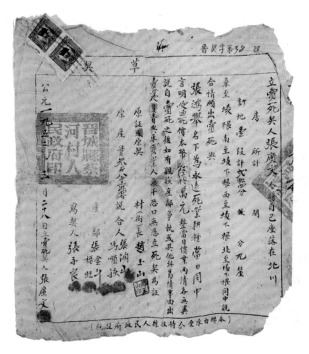

图 33　1952 年山西晋城县蔡和村地契有旗球图印花税票

图 34　中央拾元印花税票（有地名有齿）

图 35　中央贰拾元印花税票（有地名有齿）

图 36　中央贰拾元印花税票（有地名无齿）

图 37　中央壹百元印花税票
（有地名无齿）

图 38　中央壹百元印花税票（有地名有齿）

图 39　贰百元印花税票（无地名无齿）

图 40　中央贰百元印花税票（有地名有齿）

图 41　伍百元印花税票（无地名无齿）

图 42　壹仟元印花税票（无地名无齿）

图 43　贰仟元印花税票（无地名无齿）

　　1952 年发行了中华人民共和国成立后的第二套印花税票，这套税票不再采用之前同图不同色以区分不同面值的设计，而采用了不同图案代表不同区间面值的形式。（图 44）拾元、贰拾元、伍拾元图案选用拖拉机图，壹佰元、伍佰元选用压路机图，贰仟元选用发电机图。（图 45—图 49）伍仟以上是鸽球图。票面也添加六大区名字样，印行和流通继续沿用和旗球图一样的方式。鸽球图面值较大，贴用较少，目前在文书整理中还未见。

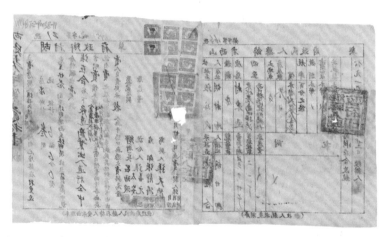

图 44　1953 年山西省解县胡村乡卖房契上的印花税票

图 45　拾元拖拉机图印花税票

图 46　贰拾元拖拉机图印花税票

图 47　伍拾元拖拉机图印花税票　　　　图 48　壹佰元压路机图印花税票

图 49　壹佰元压路机图印花税票

四、结语

作为完税凭证，印花税票是税文化的重要内容和实物见证。借用印花税票，我们可以对当时的政治、经济、社会和其他方面的特定文化信息进行详尽解读。同时，印花税票对于研究当地税法、税史也有一定价值，是研究社会经济史的重要资料。印花税废止在1958年，而在1988年，全国又重新统一开征印花税，印花税逐渐步入成熟发展阶段。印花税票在现代经济社会生活中与我们也息息相关。清华大学图书馆馆藏文书数量庞大，收藏体系完备，各类文书所附着的印花税票种类齐全。我们将继续对其进行更系统的整理、揭示、研究和保护。印花税票具有较高的观赏、收藏价值，因其设计独特、印制讲究，造就了其较为丰富的内涵和赏心悦目的观感，对于丰富文化生活、增长知识、提高文化素养也很有推动作用。

资料来源

［1］饶立新、曾耀辉：《中国印花税与印花税票》，中国税务出版社，1999年，第38—39页。

［2］贾德怀：《民国财政简史》，商务印书馆，1936年，第158页。

近代华北农村家族制度

——以分家和立嗣为中心

　　传统中国的社会结构，是以家族为基本单位构成了整个社会的运行秩序。而家族的运行模式与规则制度，则在一些特殊情况下愈加明显，尤其是代际关系变动之时，袭以成俗的责任义务与现实利益之间的矛盾冲突更易显现。"分家"与"立嗣"就是代际变动的一体两面，从中涉及传统中国家族模式的两个方向。费孝通将中国代际关系概括为"反馈模式"，简单来说就是父母有抚育子女的责任，而子女也有赡养父母的义务。在世代交替的具体过程中，我们大概可以将分家看作父母承担抚育子女责任的最后一站，而立嗣则是子女反哺父母的重要开端。也正是因为分家与立嗣对于家族发展至关重要，因此需要众人参与见证协商，订立契约为凭证，以防后患。山西省新绛县一个小乡村的席家，在晚清到民国近百年的时间，以分家与立嗣为缘由频起纠葛，也留下了相关的契约文书。我们以这一系列的契约为轴线，来看看这个家族内部绵延一个世纪的分裂与继合。

一、分家：分灶、分产、分居

俗话说，"树大分枝，子大分家"，每一个家族都要在儿孙满堂、人丁兴旺之际，面临着男婚女嫁、独立门户的分裂困境。纵然自古以来就有儒家理想价值下累世而居的大家族概念，实际上不论贫富，家长儿孙不同代际之间同居共财，日久之下摩擦与纠纷不可避免，因此分家也成为了家族发展中自然而然的大多数选择。分家对于一个家族来说牵涉甚广，涉及家产、赡养、嗣续等关键性因素，影响着家族的兴衰断续。道光年间，山西省新绛县的席家也同样面临着这一棘手的问题。

图1是道光十四年（1834）席家的分家契约，录文如下：

立分书人席体谦，情因先年光阴艰辛，与先任等奉母命，各愿另爨，暂为糊口，所有房屋家产并借欠外人账债，概未分析。但长兄早世，而二兄亦故，余诚恐异日子侄辈以诸事不明，致滋事端，于是央请亲友将所有产业并负欠外账配搭均匀，三家赔受。所分家产账债各有凭单，更有欠外人零星账目以及会银未曾分析者，倘有人讨要侄子三人均摊付给。自分之后，各执各业，各还各债，并无异说。如有反言者，以不遵父叔命论。恐口难凭，立分书三纸，各执其一，永远为证。

分书一式三纸，各执一张，永远存照

道光拾肆年五月十五日　　　立分书人：席体谦同侄子斗、指南

　　　　　　　　　　　　　　　同中人：张清久、五履泰

　　　　　　　　　　　　　　　家长：席天泰

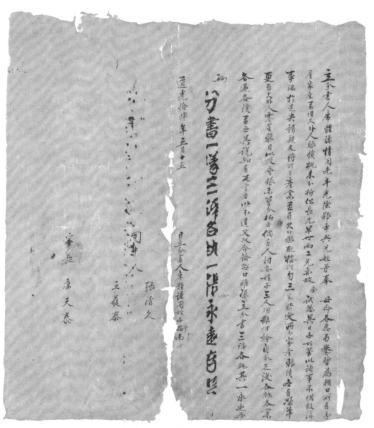

图1　道光十四年（1834）席氏分家契约

从文书中可知，席体谦是立此分家契约的当事人，之前因为家境不好，辛苦艰难，与先侄等人遵奉母亲的命令，也各自情愿分灶生活。为了生计，一切的房屋家产和欠账，都没有拆分。但是席体谦的长兄和二兄都已经过世，担心子侄辈对于以前的事情不甚了解，容易滋生事端，于是央请亲友一起，把所有的家产和外账都搭配均匀，分给三家。所分到的财产和债务都有凭单可作证。有没分到的零星外账和合会的银账，如果有人讨要的时候，三家均摊支付。自此分家之后，各自经营各自家业，各自还各自的债务，如果有反对的人，就是不遵从父叔的命令。立此契约，一式三份，各执一份，以为凭证。

（一）分家只分灶

一纸契约，背后隐含着一个家族多年的历程，也蕴含着整个传统中国社会的家族理念和制度。在一般人的认识中，分家的本质之一就是将原本共同的财产进行分割，然而分家并不一定等于分产。如同这席家的分书所说，早年家境艰难，经济条件难以维持同居共爨的状况，因此为了糊口，在母亲的命令和个人的意愿之下，各人另起炉灶各自生活。值得注意的是，早年的分家并未析分任何家产，即使分家之后也仍然是所有人共同使用和支配所有家产。也就是说，与普遍认知不同的是：分家可以不用分财产。

席家早年间此种分家只分灶、分家不分产的情况在历史中并不少见，也属于分家的一种重要的模式。分灶在本契约文书中表述为"另爨"，这是传统民间社会普遍的说法。"爨"作为动词，意为用火烧食物，即"炊"；作为名词，表示炉灶。同灶吃饭在农村家庭中意义重大，既有作为经济核算单位的理性意义，也具有"家"的文化象征意义。直到今天的社会调查中，农村家庭也仍然将分灶作为新家庭的独立标志之一。[1] 以滋贺秀三为代表的很多学者也将分灶作为分家的主要标志之一。[2]

这样只分灶而不分财产的分家原因有多种。有学者分为经济和情感两种原因："一种是因为家庭贫困，没有可分的财产，只以分灶的方式分开来，又称'分炊'。到了老人去世后，再将家产分光。第二种是儿子不好意思提出分产，但又希望单独过日子，也采用单独搭灶的方式分出去，等时间长了再提出或老人去世了再分产。"[3] 笔者认为这两种情况并不互斥，在历史实际中可能既有经济的因素，也有出于亲情的考量。而具体到席家的事例中，可以清楚地看到家族的贫穷是主要原因。席家早年间并没有什么家产可以析分，甚至还有家庭债务，因此要求分家可能是因为家族兄弟之间产生矛盾等理由，分产对于他们并不是迫切必须的，分灶就可以满足其避免因一起做饭生活而产生摩擦的情况。又或者，分灶是席体谦等人"奉母命"而为。这时候席体谦的子侄辈已经可以掌事，很可能此时席体谦的父亲已经去世，母亲年迈，家境也不佳，于是老母亲不愿再主持家族大事，让子孙辈分灶各自经营。虽然分家后并没有带来财产，却可以使得此后创造的所有收入纳入各自的小家庭，也许对于家族发展颇有裨益，也让年老的母亲得以安享天年。这样的分家方式乍看之下也许不易理解，但结合席家实例，我们可以看到这样只分灶的分家方式，是在既有条件下，对于家庭经济的再安排策略，也体现出父母在家族中的权威和子女对于上一辈的体恤与亲昵。

（二）分灶再分产

在道光十四年（1834）的这张分家契约之中，则主要表现了另一种分家的主要方式：分灶又分产。我们可以看到，席家的分产原因主要是因为家族代际的再一次更迭。席体谦的两个兄长都已去世多年。除了他自己，三家男丁只留下子侄辈。子侄辈现在已经长大，对于早年家境贫寒导致没有分产的问题不明不白，甚至可能已经有摩擦产生，以致席体谦作为其父叔辈倡议主持分割家产，彻底分家异财。这也是此张契约产生的原因。

家产的分割和传递可以说是分家的核心问题之一，作为影响中国社会历史的重要制度，已经有众多学者对此进行了详细研究，并与其他国家进行对比。不同于西欧国家自中世纪开始的不可分割的继承制度和日本的长子继承模式，传统中国的家产传递方式遵从诸子均分的继承模式。一些学者以财产的均分制度为重要依据，来论述分家对于中国社会财富积累的抑制效果，认为诸子均分导致了家庭财产规模的下降，从而影响了家庭生产经营方式，导致了近代中国经济水平的下降。[4]当然，此种观点也遭到了不少学者的反驳，均分制是否导致了近代中国农民的贫困化还未成定论，但不可否认的是，家产的均分制度对于中国历史的影响重大。

具体的家产分配如何均分？即将家产按照兄弟数量，"肥瘦品搭"分为相应的份数。这样的分配方式在这份契约中也不例外："将所有产业并负欠外账配搭均匀，三家赔受。"并且析分的家产的概念范围不只是包括田地、房屋等不动产以及家具牲口等动产，也包括家庭债务。下一代在接收家族财富的同时，也要承担其相应份额的"借欠外人账债"。此外，有时也会在诸子均分之外，划分出额外的部分家产用于特殊情况：例如专门用于给尊长养老以及将来办丧事所用的"养老田"，用于家族公共事业的"族产"或"公田"，用于未出嫁女儿的"妆奁田"，分拨给长子或者长孙的"长子田"和"长孙田"，等等。虽然家产分割有这些特殊类型的存在，但都是基于诸子均分的大前提下所进行的。本张契约就没有出现这些特殊用途的家产分割，从另一角度也说明了此时席家的经济状况可能仍是不太乐观，没有余财为老母亲或者家族共同的事业（如果存在共同事业的话）留下一份经济保障。

（三）分产并分居

随着时间流逝，一代又一代的子孙成长发展起来，于是席家在宣统元年（1909）又开始了一次分家。图2、图3为三家契约一式三份中的两份，虽然正文部分相同，但后附录各人继受的财产有别，可以从中了解此次分家的家产分配状况，分别录文如下：

立写析居人席柏林、席松林、席森林，因为弟兄不和，家事难以调治，析居之事自古有之，缘而邀请族中人等，将家产房屋地土家具等物作三股均分。现有牲口贰头分与柏、森二人，松林不得。所欠外人账项，松林一人归还，于柏、森二人无干。缘柏、森二弟居家，财无进路。同大众说合，松林与二弟每人帮纹银壹佰五拾两，待松林、玉兰到明年上与每人捎银壹佰两，下剩银五拾两，再作二年捎回，各出情愿，日后不得异说。所有各分地土房屋开列于后，所立分书一样三张，各执一张为据。

中华民国二年四月十九日 同中人：张聚成、席福合、席余庆、
席鹿鸣、席光钰、席东合、席光华、席万有将银收清

大清宣统元年闰二月二十日

立写析居人：席柏林、席松林、席森林（吉祥如意）

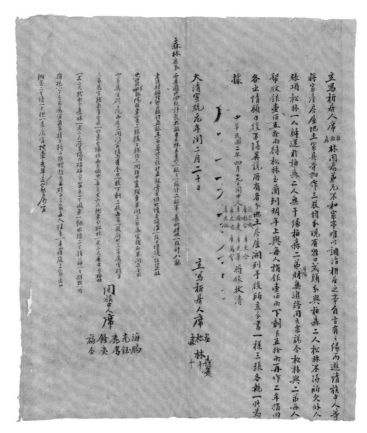

图 2　宣统元年（1909）席氏分家契约（一）

森林应分西桑园地四段，计数九亩；吉木林来喜地二亩；又一段，计二亩半；长畛里地一段，计八亩；东活里狗挂地三段，计五亩；王家墓地二段，计五亩；骨古堆地坟东顶沟一段，又坟顶一段，计五亩；共计地三十六亩五。院内东窑三眼，楼上就北二间，北中窑就东半间三家属官，就西半间与金水四家属官，砲子院西房三间，门前场内有金水一股，下剩三股，每家一股。厕地三家属官。碾子三家属官。就南有空地一块，东至墙根，西至城，共长三丈六尺，就东分松林一丈二尺，居中分柏林一丈二尺，就西分森林一丈二尺。所有场内碌碡二个、架子二个、风车一辆、脚踏二个、馍筛一个、推杈一张、推抱一个，三家属官。再有桌子、椅子、板凳柜□并碾子，三家每人经手一年，罗底三家出钱，棚盒二个、条一个、担一条，属官。押车天平三家属官。

　　同族中人：席海鹏、席光钰、席鹿鸣、席余庆、席福合

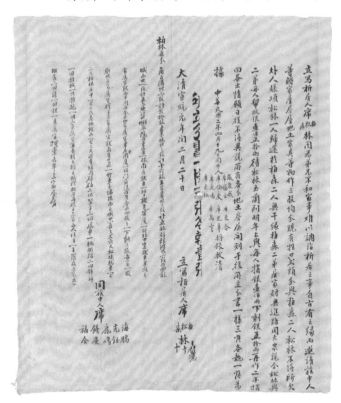

图3　宣统元年（1909）席氏分家契约（二）

立写析居人席柏林、席松林、席森林，因为弟兄不和，家事难以调治，析居之事自古有之，缘而邀请族中人等，将家产房屋、地土、家具等物作三股均分。现有牲口贰头分与柏森二人，松林不得。所欠外人账项，松林一人归还，于柏森二人无干。缘柏、森二弟居家，财无进路。同大众说合，松林与二弟每人帮纹银壹佰伍拾两，待松林玉兰到明年上与每人捎银壹佰两，下剩银伍拾两，再作二年捎回，各出情愿，日后不得异说。所有各分地土房屋开列于后，所立分书一样三张，各执一张为据。

中华民国二年四月十九日　同中人：张聚成、席福合、席余庆、

席鹿鸣、席光钰、席东合、席光华、席万有将银收清

大清宣统元年闰二月二十日

立写析居人：席柏林、席松林、席森林（吉祥如意）

柏林应分角子沟地二段，计数拾亩；吉木林地三段，计十六亩；王家墓地三段，计五亩；赔粮滩地二段，计四亩；城西地一段，计五分，共计地三十五亩五。院内东窑一眼，南房就东一所，又就东柴厦一所，北中窑就东半间三家属官，就西半间与金水四家属官，东房后园四家厦一所，门前场内有金水四股之一，下剩三股每家一股，厕地三家属官。碹子三家属官。就南有空地一块，东至墙根，西至城，共长三丈六尺，松林就东一丈二尺，柏林居中一丈二尺，森林就西一丈二尺。所有场内碌碡二个、架子二个、风车一辆、脚踏二个、馍筛一个、推杈一张、推抱一个，三家属官。再有桌子、椅子、板凳柜□并碹子三家每人经手一年，罗底三家出钱，棚盒二个、条一个、担一条，属官。押车天平三家属官。

同族中人：席海鹏、席光钰、席鹿鸣、席余庆、席福合

此次分家距离前述契约（道光十四年）所立时间已有七十五年之久，从分家契约的内容就可以看出席家的状况已经天差地别：比起先前几无可分的家产，现在已经有一众的田地和房屋可待继承。此次分家既有分灶、分产，更意在——如契约开头所写——"析居"。如果说前次分家是在家境困难之时以分人、分灶为主的分家，那么这次分家则是在家境充实的条件下，由于家庭矛盾导致的以分居、分产为主的分家。

导致分家的原因多种多样，贫穷与富裕的家族环境都无法避免分家的问题。有学者研究认为："因生活困难而分家者多表现在贫穷之家，而因家庭不和分家者以经济条件好的家庭为多数。"[5]席家的情况证实了这点。在此次契约中，当事者席柏林、席松林、席森林三兄弟也直书分家的原因是"弟兄不和，家事难以调治"，因此本次分家的重点诉求就是"析居"，通过兄弟分居以避免矛盾。在分家契约中，当事者也援引分家习俗的历史，即"析居之事自古有之"，以证明分居的正当性。分家习俗的形成不可不谓历史悠久，早可追至战国时期，以至商鞅变法颁布"分异令"使得分家成为一种国家制度。自此之后虽有波动，但在唐以后分家就成为国家法律默许的行为。分家作为一种长期普遍的习俗，也使得大部分人对于家族将来自然会分家有预期。

由于此次分家契约写明各项家产的分配，诸子均分制在本次分家中更得以明确地表现出来。由于土地有肥沃、贫瘠之分，房屋有位置好坏之别，我们可以看到出于"肥瘦品搭"的原则，同样的一块整地被分为几份：王家墓地（应该是一块带有别家坟墓的农地）其中两段分给席森林，其中三段分给了席柏林，各得五亩。门前的一块空地也一分为三，每人各得一丈二尺。桌椅等家具也一人经手一年，轮换上阵。从此可知，家产划分得需如此之详细，如何肥瘦数量搭配得宜，自然需要众人协商取舍，费下大功夫才行。

然而这两份契约中的家产分割也有特别之处。从每人分得的家产明细中，我们可以看到出现了席柏林、席松林、席森林三兄弟之外，第四个人的名字：席金水。席金水分得的家产很少，只有半间窑房、门前场地，并且还需要与三兄弟共分。从三兄弟的名字来看，席金水并不是他们同辈人，那么席金水是谁呢？为何要与三兄弟共享其中的家产？

我们从图4这张换地契约中可以窥见一二。首先这张契约中解释了这几人间的亲属关系：席柏林、席松林、席森林三兄弟是席金水、席金池的堂叔父。而这张两年后（宣统三年，1911）的换地契约，所换之地正是前述宣统元年分家契约中分给席金水的四分之一门前场地。从这张契约中我们可知，席金水之前所分得的门前场地为东南角，两年后席家三兄弟想要在此修房，就将之前三兄弟分得的西南角与席金水互换。因此通过这张换地契约，我们可以知道，在宣统元年的那次分家，绝大多数家产是在席柏林、席松林、席森林三兄弟之间分割，而席金水作为下一代，可能是身为长子，留拨了一些"长子田"性质的特殊家产。

宣统元年的这次分家另一特殊之处在契约的主体内容："现有牲口贰头分与柏、森二人，松林不得。所欠外人账项，松林一人归还，于柏、森二人无干。"席松林无法得到家里的牲口，还需要偿还家族所有的外账，这看起来与诸子均分的分产习惯相悖。分家契约继续写明原因，即"柏、森二弟居家，财无进路"，所以长门席松林

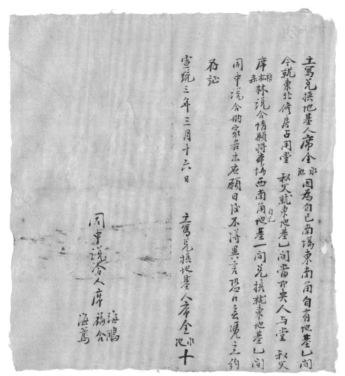

图4　席氏换地契约

不仅需要独自支付家族债务，还要在未来两年内付给两个弟弟纹银一百五十两。所分财产范围似乎已经超越了家产的概念，还涉及席松林个人的未来收入，这并不符合一般的分家原则。由于两个弟弟在家，席松林就需要支付其大额的银两［从附注来看，席松林在分家四年后的民国二年（1913）付清了这笔账］，似乎也不符合常理。其中缘由无从得知，但我们可以看出，席松林可能在外经商或者做官等，有着不同于两个弟弟的赚钱渠道，三兄弟的收入水平似乎有很大的差距。这大概也是三兄弟之间不和而想要分居的原因之一，也为之后的家族关系留下了隐患。

二、立嗣：过继？应继？爱继？

中国的家庭制度并不意味着分家后家族的彻底破裂，其中既有拆分的一面，也有继合的一面。在家族延续的过程中既有上述所讨论分灶、分居、分产的拆分，也有继承中的延续和联合，成为家庭再生产中的关键一环。"分家是分中有继的。这里的'继'主要包含两层意思，一为继人，这就是对老人的赡养义务，我称之为'继中有养'，二为继宗祧，就是要继对祖先的祭祀。"[6] 其中"继人"的部分主要指用"养老田"等各种方式进行老人的赡养保障安排。而"继宗祧"，也就是继嗣，承载着传宗接代的传统伦理观念，成为家族制度的一大基本原则，构成了传统中国社会运行的基本规则。延续香火的代际关系理念在传统中国社会如此深刻，传宗接代成为了个人生存意义的基本指标之一，那么在没有儿子的家庭中，谁来继嗣？

距离上次分家仅十多年，席家竟遭受了无人为继的境况。相关契约和录文如下：（图5）

立写绝断永不葛藤合同人席门赵氏、席森林，情因同胞弟兄三人，后来弟兄不和，析居三门，各度光阴。长门无后，三门所生三子，长子少亡，次子金贵与长房过继，从小抱过抚养，一十三岁娶亲王氏，因家寒不能攻书，令出外甘省习学生理，停了二年有余，苍天不佑，染病而亡。闪的婆媳实哉可怜，朝夕思之，别事为小，无后为大。
于斯邀请户长四股子长者，氏就要外人爱子，众皆喜悦，维三房森
林不顾伊只有一子，无有余丁；况二房亦是螟蛉外姓；尚且弟与兄
奉祀，于大理不合，阻不能办理。众皆也是无法而散，延至一年。
氏候一年无益，于十二年四月间又请诸位商议，仍是原事阻定不能
办理，众皆而散。天凑不绝氏嗣。有一人领子乞讨，口称卖子逃命，
要救他全家姓命，同人说合，情愿卖与席门为嗣，永不于他无干。
次日三房森林吵闹斗殴动了村长，目刻就要起讼，多蒙众长解和息
讼。同大众言明，念伊家寒，着赵氏与伊此门外大坡上良田五亩，
种地纳良永不归还，再帮大洋七拾五元，当日银业两交，并不短少。
向后两家和好照常，不得缪轇狡赖。男妇免言，不能滋事，恐口无凭，
立写合同一样贰张，各执一张为据。

　　立写合同一样两张，各执一据

民国十二年四月二十七日

立写合同人：席门赵氏、席森林

家长：席四魁、席福节

户长：席鹿鸣

族长：席上珍、席上璧

同中人：席盛源、张聚成、席福合、席照贤、席廷珍、席余庆、
席国源、席照兰、席必兴、席寅娃

　　自从上次宣统元年席柏林、席松林、席森林三兄弟分家之后，
各家各自生活。但是长门无后，三门生了三个儿子。其中长子年少
夭折，二子席金贵就过继给长门，在其13岁时娶了妻子王氏，可是

过继后的席金贵也在外出学习做生意的两年后染病身亡。现在长门无后，三门只有一个儿子，无法再过继，二门也是以外姓养子为后，两位弟弟都没有可以再过继给长门的儿子。因此，席门赵氏想要选择一位喜爱的外人为后，众人都同意，可是三门席森林阻挠使得第一次立嗣失败。延至一年后，席门赵氏第二次邀请亲众想要立嗣，还是由于同样的原因不能办理。民国十二年席门赵氏遇到有人想要卖子，于是同人说合想要买来立嗣。但是席森林又因此吵闹斗殴，想要讼告至官府。在大众的调解下和解息讼，和解的条件是席门赵氏给席森林五亩良田和七十五块大洋，因此立下本次契约，以此为据，两家之后和好，不得狡赖。

在家族中，立嗣问题兹事体大，在短短十余年间，长门席松林家就与三门席森林家就继嗣事件闹出三次纠纷。此次立约以席赵氏付给席森林一笔财产息事宁人，终得以买子立嗣为结束，然而事情并没有走到结尾，就在一个月后，席家又发生了翻天覆地的变化。

相关契约和录文如下：（图6）

立写合同字据人席赵氏、席范氏，兹因席范氏之夫投井身死，前有与席赵氏之儿媳另嫁，并择立席吉生为裔孙，各事争吵等嫌，以致三江之妻范氏来城将欲起诉，有毛鸿儒等不忍坐视，拦挡说合，除前已出棺殓费外，再着席赵氏帮其葬埋三江之费叁拾元，又养子费叁拾伍元，共出洋六拾伍元。异日席范氏对于席赵氏儿媳王氏嫁而不嫁，并义孙吉生及家中一切事务均永不能干涉，以此了结，两造各出情愿，永无反言，恐口无凭，立此合同为证。

合同贰张，各执壹张

民国拾贰年阴历五月十四日　　立写合同人：席赵氏、席范氏

同亲友说合人：范德良、兰作槐、张镜塘、赵俊贤、毛鸿儒、
聂淦明、尉子安、张凤飞

此次纠纷当事人为席赵氏与席范氏，因为席范氏的丈夫投井死
亡，再加上之前因为席赵氏的儿媳——也就是前述席金贵的媳妇席
王氏——想要另嫁他人，并且选择立席吉生为裔孙等事，两家争吵，
以致席范氏来到城里想要打官司。众人拦挡席范氏，说合两家，商
议定下席赵氏除了已经出的棺殓费，再出埋葬费用三十元和养子费
三十五元，一共六十五元，而席范氏对于席赵氏家儿媳王氏婚嫁之
事、立裔孙席吉生等其他事再不能有所干涉。因此立下此契约合同，
以此为凭证，不得反悔。

这张契约将席范氏的丈夫称为"三江"，我们通过叙述内容可知，
"三江"即为上次闹事的席森林。两年三次大闹席松林家立嗣之事
的席森林，看来在上次民国十二年四月立嗣契约签订之后并不满意。
也许是因为家境实在贫寒（四月的契约中写明"念伊家寒"），也
许是对于和解协议仍有不满，席森林竟在数日后投井自杀身亡。也
正是因为席赵氏的立嗣事件而起，就可以解释为何在这份五月的契
约中席赵氏需要对席森林的自杀"负责"：付钱支付席森林的丧葬
费用和养子费用。如果读者对于传统中国文化知之不多，看到此事
可能会迷惑不解：为何在分家之后，三门的席森林仍要干预长门席
松林家立谁为后的决定？为何席赵氏要一忍再忍，面对席森林家的
数次闹事阻挠，还要选择用付钱安抚的方式平息事态？要解答这些
问题，就需要知道继嗣在传统中国家族制度中的重要性，传宗接代
在传统中国社会的关键地位。

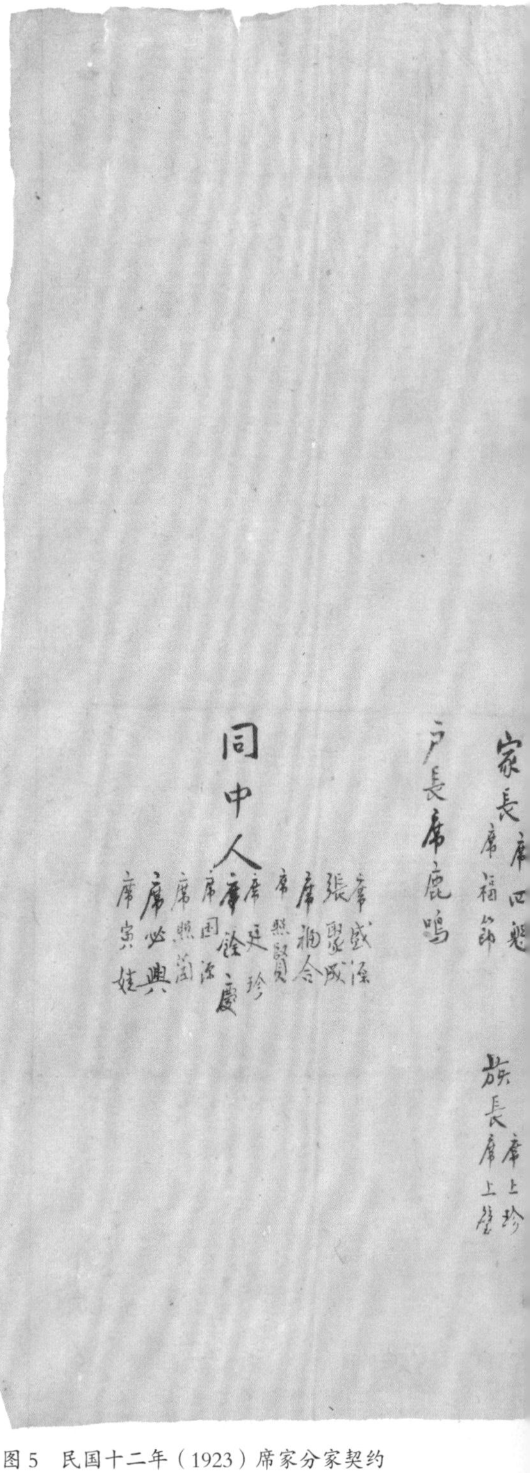

图 5　民国十二年（1923）席家分家契约

立寫絕斷永不萬縣合同人席門趙氏

所生三子長于少七次于金貴與長房過繼從小抱過撫養一十三歲娶親王氏周歲不能攻書令出外甘省習學生理

停了二年有餘天不佑染病而亡門的婆媳實哉隣朝夕思之別事為小七後為大于斯邀請戶長四股于長者氏

就要外人愛于家皆喜悅維三房林不顧伊袱有子七有今丁況二房氣後亦是螟蛉外姓尚且弟兄奉祀

于大理不令阻不能加理家皆也是無法商散延至一年氏候一年無于十二年四月洵又請諸位論議仍是虧事

限定求能加理眾慾以救天湊不絕氏嗣有一人領子乞討口稱賣子逃命要救他全家姓命同人說念情應

賣與席門為嗣永不于他水平次日二房森林吵嘴鬧殿勒了村目到就要起訟多蒙眾長關和息諍

同大眾言明念伊宗寨省趙氏與伊門外大坡上良田五畝種地納身永不歸還再將大洋七拾五元當日銀業訖

交並不短少向後兩家和好照常不待辭發顏男婦先言不能滋事恐口乙年憑立寫合同一樣文張各執一張為據

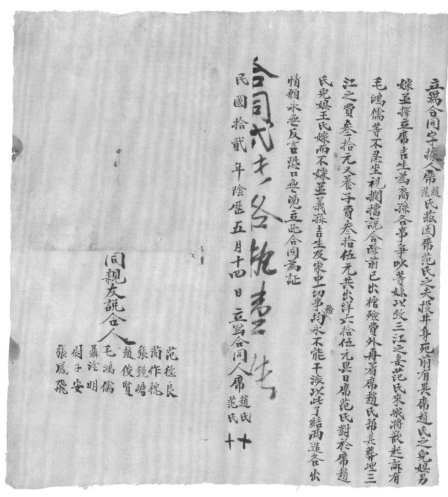

图6　民国十二年（1923）席家和解契约

费孝通说："中国人是心中有祖宗、有子孙而把自己作为上下相联的环节来看的。"这上下相联的环节就是以父系血缘为基础的宗法制度。在宗法社会中，除了有诸子均分的财产继承制度，还有单系继承的身份性继承制度，这表现在农村家族制度中就是宗祧继承。"宗祧继承又称祭祀继承，根据宗法制度，一家之中，每一世系只能有一个男性嫡子或嫡孙享有宗祧继承权，以使祖宗血食不断。"[7]宗祧继承人，可以主持祭祀等家族大事，享有族内的权威。

正如四月的立嗣契约中所写："别事为小，无后为大。"宗祧继嗣是为了保持父系家长制度的家族延续不断，是家族最重要的事情之一。而当一个本该继嗣的家庭无子之时，就需要选择合适的人进行立嗣。如何择立后嗣，是一个复杂的过程，受到民间惯习和国家法律的规定与限制，而在实际操作行为中，又牵涉到情感利益等众多方面。席家的经历也是如此。

（一）过继

民国十二年四月的契约中写到最主要的立嗣原因是"长门无后"。不仅是此次契约中没有席松林的姓名，在当年五月的纠纷和解契约以及其他清华图书馆藏契约文书中，自宣统三年后均不见席松林和席柏林的姓名，结合上述契约的内容，长门席松林与二门席柏林很可能在民国十二年立嗣纠纷时已经去世，契约中所写"闪的婆媳实哉可怜"大概也在说明此情况。因此在整个择嗣、立嗣过程中，是由席赵氏作为主事者出面并做出选择。这也符合民间丈夫早逝家庭的惯有做法。

立嗣过程受到国家法律和民间惯习的规范，其基本原则是需要依照昭穆循序择嗣。昭穆就是宗法制度中宗族成员的辈分和代际。清律规定："无子者，许令同宗昭穆相当之侄承继，先尽同父周亲，次及大功、小功、缌麻。如俱无，方许择立远房及同姓为嗣。"民国八年（1919）大理院判决例也延续这一原则：不依昭穆伦序立嗣之习惯，不能有法之效力。昭穆依序也是民间立嗣的普遍原则。因此在四月立嗣契约中，最初在同宗的三门席森林的三子中，选择其次子席金贵过继给长门席松林，是符合法律规定和民间习俗的。从契约中也可以看出，这一次立嗣也并没有太大的纠纷产生。

（二）应继与爱继

原有的过继嗣子席金贵去世后，长门席松林（席赵氏）家再次陷入无子为继的境况，席家的纠纷便由此产生。此时三门席森林家只剩一子，依律立嫡子违法，此子需要继承席森林家的香火，不能再过继给长门席松林（席赵氏）家。而依照上文，二门席柏林很可能也已经早逝，所以在四月立嗣契约中写到"二房亦是螟蛉外姓"，说明二门也没有留下后代，只能抱养外姓养子。而按照昭穆相当原则，作为三弟的席森林是无法继承长兄席松林的宗祧，在四月立嗣契约中写到"弟与兄奉祀，于大理不合"，也是在对此进行说明。《大清律例》明确写道："若立嗣，虽系同宗而尊卑失序者，罪亦如之，其子亦归宗，改立应继之人。"依照各种条件和原则，长门席松林（席赵氏）家确实遇到在周亲之内找不到应继之人的窘境。

事实上，无子立嗣的家庭在历史中也远远不止席松林一家。现代以前的中国社会中，高出生率往往伴随着高死亡率。有学者统计，明清时期，没有儿子的夫妇约占20%，只有一子的夫妇约占30%。[8]

大量的家庭面临乏子继承的困境，难以找到应继之人的社会现实也使得民间社会有了较为弹性的实践策略：爱继。爱继在民间社会的广泛实行，使得其被清中后期以后的法律所允许。爱继指无子立嗣的家庭，可以在昭穆相当的亲族内择贤、择爱，立为嗣子。虽然有爱继这一较为灵活的立嗣方法，但是在民间实际操作时，多强调爱继是在应继无人之后才可使用。应继的地位为首，在不得已的情况下才能退而求其次，选择爱继。

具体到席家立嗣事件，我们可以看到，不论是席赵氏还是席森林，其行为背后也都有相关的国家法律和民间习俗所支持。长门席赵氏作为立嗣主事人是有法可依的，清律规定：妇人夫亡无子守志者，合承夫分，须凭族长择昭穆相当之人。在民国时期，其立嗣权利更加扩大。民国七年（1918）大理院判决例：若被承继人虽经死亡而守志之妇尚生存者，则应由守志之妇为夫行使择继之权，决非族人所得干涉继嗣。也就是说只要符合立嗣的基本原则，席赵氏的择嗣权利是得到法律认可的。也许是因为爱继作为民间习惯为人所熟知，再加上二门席柏林家有了"螟蛉外姓"，长门席赵氏在选择立嗣时大胆地选择"外人爱子"。然而这样的"外人爱子"实际上是不符合宗法礼制和法律制度的，爱继虽然可以择贤、择爱，但是也必须要在同族内部进行挑选，也必须要按照昭穆相当的原则。另外，继嗣除了以上两种方式，兼祧也是一种较为常见的行为。兼祧即指一个男子承担两家的嗣续。清律也承认：如可继之人系独子，而情属同父周亲，两相情愿者，取具合甘结，亦准其承继两房宗祧。因此，三门席森林家还剩一独子，虽不能过继，但也可以兼祧。

因此不论是长门席赵氏家，抑或三门席森林家，在此事上都既有法礼依据，也有不合情理之处，于是纠纷在所难免。惯习和法律的原则规定是引起纠纷的直接原因，此次立嗣纠纷的深层原因在于传统中国社会的宗法文化和经济理性。

在传统中国的宗法文化制度下，一个家族的发展虽然会不可避免地导向分裂为几个独立的小家庭，但是不论分裂与否，小家庭与整体家族的联系并未断裂，反而家族会以各种形式出现在小家庭的各种重要决策之中。不管是分家还是立嗣，我们可以明确地看到契约中都明确地表明需要邀请族众的参与。族众参与实施分家的品类划分，"邀请族中人等将家产房屋地土家具等物作三股均分"；席赵氏在确定立嗣的时候需要听取族众的意见，"于斯邀请户长四股子长者……众皆喜悦"；在家族内部有纠纷时，需要族众阻拦劝解，"多蒙众长解和息讼"；各项契约中的落款都需有族人作为中见人；等等。在一个小家庭的重要事件中，家族众人的参与和见证，不仅是一个必须的过程，也是其起事和成事的必要条件。也正是因为小家庭并没有完全独立于家族，所以当长门席赵氏需要找人承嗣之时，三门席森林家才认为这并不是一个外于自身的事，也积极参与其中。

席森林对于立嗣的参与，在宗法制度和亲情联系的前提之下，有了其合理性；但参与立嗣的根本动力，还在于其对于经济利益的理性追求。在宣统元年的三兄弟分家时，我们从其对于长门席松林的不合理安排中，就已经知道席森林"居家，财无进路"，需要长兄给钱帮助。可知长门席松林家境富裕，所以席森林一次次想要立自己的儿子为长门的后嗣也就有了合理的解释。虽然席森林与席松林是亲兄弟，但是在分家前已经"弟兄不和"，分家后"析居三门，各度光阴"，已经互相不再往来。家境不好的席森林觊觎长门席松林的家产，就只能通过过继自己的儿子，试图以亲子关系得到部分财产。然而如意算盘被打乱，过继的儿子也身亡，因此席森林只能以次次阻挠立嗣进程，来换取席赵氏一次次安抚的补偿钱财，最终以终结自己的性命为最后要挟，换得了席赵氏又一次的赔偿费用。这样的方式实际上就是席森林利用宗法伦理制度和熟人社会、家族兄弟的情理面子，甚至欺负席赵氏一介寡妇势单力薄，来换取经济利益，是一种理性行为的策略。

宗祧嗣续是传统社会家族延续的核心之一，其运行原则建立在传统宗法制度的伦理观念之上，也受到了国家法律的保护和规定。但是在民众的实际生活中，往往也会由于各种原因做出违背规则和制度的立嗣行为。可能是由于生活所迫，可能是出于利益所驱，历史事实总呈现出复杂多变的面向，正如席家的历史向我们所展示的一样。

三、结语

从晚清到民国，举国上下关注着爱新觉罗家族的离散，是万众瞩目之下的熙熙攘攘，是一个帝国的崩溃。同一时期，在少有人在意的华北小乡村中，也有一个家族经历了离别和纠纷，震动了其中几代人的生命轨迹，可能的余波最远也只能涉及周围十里八村。普通乡民的历史没有详细的文字记录可供系统地还原情节始末，只剩下一叠泛黄的文书，横截面式地反映了某些时间节点的各人行动，在字里行间流露出当时一个家族的分与合。这场乏人问津的家族变革在近代华北乡村的土地正在无数次地重复上演，原本的家族形态在代际的更迭中不断变动，虽没有王朝将相家族的轰轰烈烈，却也曲折艰难，构成了中国广大农村历史中普遍的历史经验，其影响延续至今。

资料来源

［1］肖倩：《分中有合：日常生活实践中的家族——基于赣中南农村的调查》，《华东理工大学学报》（社会科学版），2013 年第 4 期；班涛：《农村"独子分家"新实践及其动力探析》，《中国青年研究》2018 年第 2 期。

［2］［日］滋贺秀三：《中国家族法原理》，商务印书馆，2013 年。

［3］俞江：《论分家习惯与家的整体性——对滋贺秀三〈中国家族法原理〉的批评》，《政法论坛》2006 年第 1 期。

［4］黄宗智：《华北的小农经济与社会变迁》，中华书局，1986 年。

［5］王跃生：《20 世纪三四十年代冀南农村分家行为研究》，《近代史研究》2002 年第 4 期。

［6］麻国庆：《分家：分中有继也有合——中国分家制度研究》，《中国社会科学》1999 年第 1 期。

［7］张晋藩：《清代民法综论》，中国政法大学出版社，1998 年，第 22 页。

［8］刘翠溶：《明清时期家族人口与社会经济变迁》，台北"中研院"经济研究所，1992 年，第 110 页；王跃生：《十八世纪中国婚姻家庭研究》，法律出版社，2000 年，第 281 页。

窥探清至民国文书中买房购地的"潜规则"

田宅交易契约，也即"土地交易契约"，因交易内容以田地、房产为主，本文遂称"田宅交易契约"。田宅交易契约是清华馆藏民间契约文书的一大类，是研究明清以来我国华北民间社会经济发展、日常生活和社会风俗的重要史料。本文旨在通过若干契约，弄清楚民间田宅交易契约的规制与基本内容，进而介绍不同类型的交易行为，展现民间交易的惯习，以求形成对民间田宅交易的基本理解。

一、白契与红契

我国民间契约数量庞大，且种类丰富，以是否经过官府认证为标准，可以分为两种形式：白契和红契。白契指没有加盖官府印章的民间契约，[1]由交易双方在普通的白纸上书写。一般而言，未盖官印则意味着这项交易未向政府纳税，法律意义上不受政府保护。（图1）红契则是加盖官府印章的契约，意为已向官府纳税、登记。[2]

清代民间田宅交易行为复杂，政府为加强对土地买卖的控制，以增加财政收入，采取官方印制契纸的方式，并颁布禁令，试图废止民间白契。[3]红契一般由契纸和契尾两部分组成，官方印制的契纸上写明具体的交易内容，而契尾则写明向政府缴纳的税额。（图2）白契经政府认证后成为红契也是常见现象，如图3这份订立于咸丰十年（1860）的白契，在向民国政府缴税后，两侧补齐官契纸与契尾并加盖红印，意味着民国政府承认了这笔交易。

白契虽游离于官府规制之外，但亦遵从契约的书写规范，受到民间社会的认可，"民有私约如律令"[4]。尽管官府屡出禁令，欲确立红契的唯一法定地位，在增收之外试图规范民间交易行为，但并不能完全将之掌控。明清以降，我国民间社会依然形成了红契、白契并存的格局。

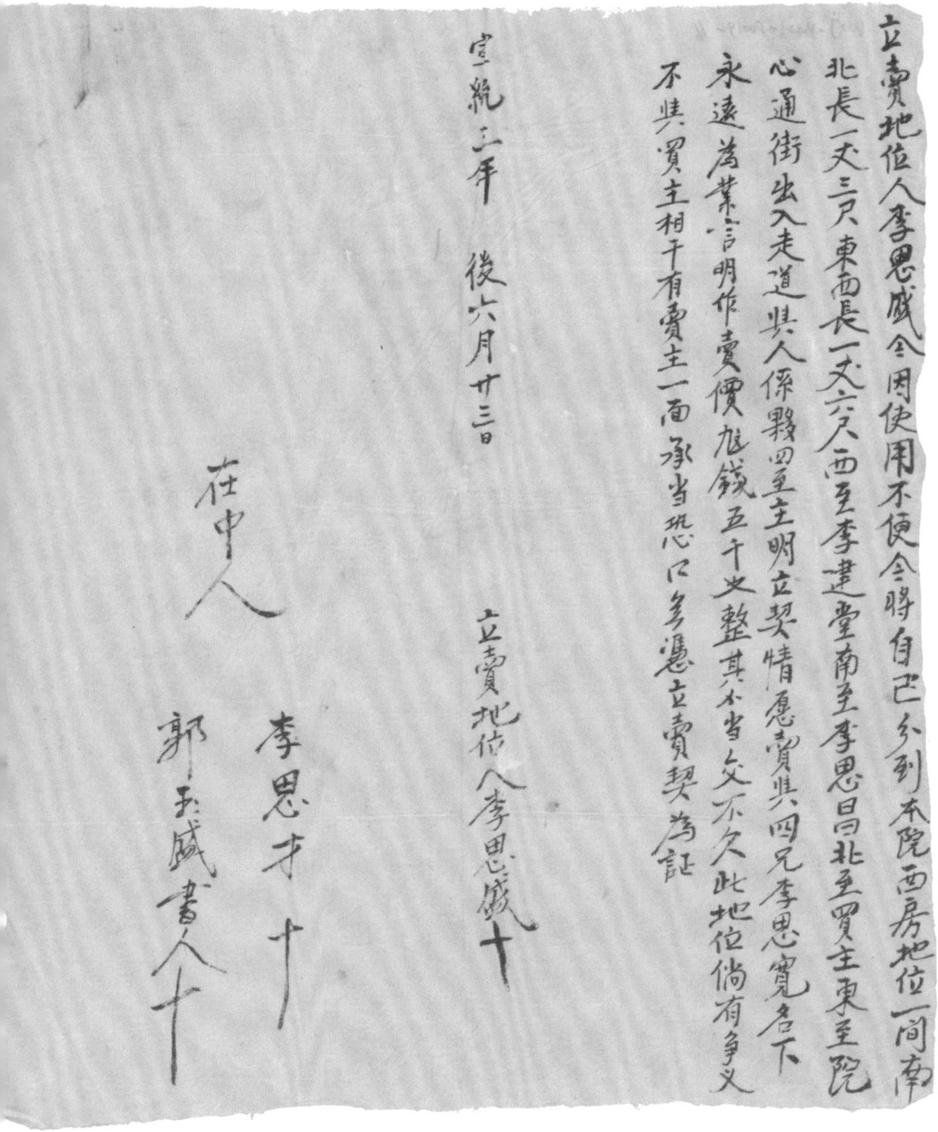

立賣地位人李思盛今因使用不便今將自己分到本院西房地位一間南
北長一丈三尺東西長一丈六尺西至李建堂南至李思昌北至買主東至院
心通街出入走道與人係夥四至主明立契情愿賣與四兄李思寬名下
永遠為業言明作賣價旗錢五千文整其不省父不欠此地位倘有爭义
不與買主相干有賣主一面承當恐口多憑立賣契為証

宣統三年　後六月廿三日

在中人

李思才　十

郭玉盛書人　十

立賣地位人李思盛　十

图1　宣统三年（1911）李思盛立卖房白契

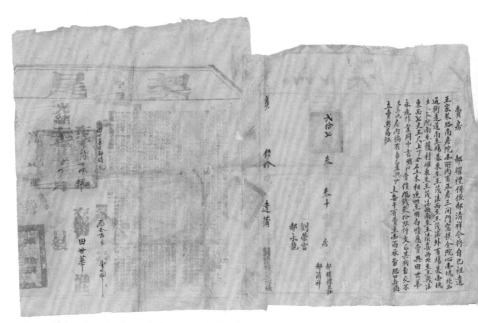

图 2　光绪二十七年（1901）郝耀礼立卖房红契

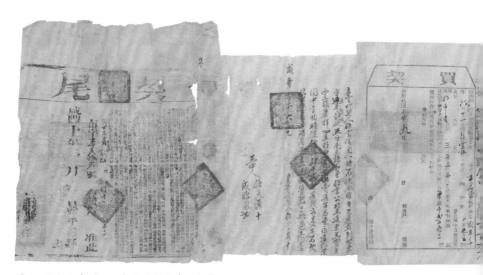

图 3　民国七年（1918）任云保立卖地红契

二、田宅交易的基本内容

田宅交易契约中的基本要素包括：买卖双方、交易方式、土地（房屋）类型、土地（房屋）面积、四至、价格、权利义务、立契时间及画押。

契约开头须明确买卖双方的姓名，有姓名者通常为男性，而女性立契人则写作"某门某氏"。如有多位卖主则须明确彼此关系，多为父子、兄弟、姑侄等。

田宅交易方式多种多样，包括绝卖、活卖、典[5]、租佃、对换等形式，在山西乡村契约文书中，"绝卖"与"典"更为常见。"绝卖"，意为买家一次性买断田宅所有权的交易，卖方不可回赎，一些契约文书开头写明"立卖死契"则证明此次交易为"绝卖"，故绝卖契又称"死契"。若文书开头没有明确表示为"死契"，但后文中写明田宅交与买家"永远作业""永远耕种"等字样，亦证明此契为绝卖契。"典"，意为卖家在一定期限内获得田宅使用权，到期买家可支付典价回赎。典契内有明显的"典"字样，《清会典》记有"旗人民人典当田房，契载年份，统以十年为率"[6]，故典期大多在 10 年以内。

土地类型上，按用途区分为有舍基地、旱地、水地、白地（即无庄稼耕种的地）等；按形状区分为有平地、坡地等；按土壤构成区分为沙地、碱地、大木地等。我们可以依据不同类型的土地判断其质量的优劣，对当时的地价有更全面的认识。房屋类型上，则有单间房屋、多间房屋、院落等。

面积和四至可以结合起来看。土地面积往往明确为"某亩某分某厘"，房屋面积则表明长宽"某丈"。四至即田宅的范围界限，一般而言，四至依据卖主、买主、四邻及周边标志性的地理环境（如渠、沟、坡等）进行描述。

田宅交易价格必须明确。值得注意的是，在使用银钱交易之外，粮食有时也充作交易媒介，如有典契就规定"典价小麦四官石"。土地交易契约末尾处常见附有"随粮某升某斗"的字样，指这块土地每年需要上交的税粮数，纳税义务随着土地所有权而转移，税粮亦包含在土地价格之内。若没有上述字样，则很可能表明税粮并未交割，仍由卖方承担。

明晰权利义务是对交易双方的保护，尤其是保护买方的利益。契约中常见的表述包括"倘有亲族争执，由卖方承担""若有争差，由卖家承当，与买家无涉"等，表明卖家有义务解决田宅后续可能出现的各种问题，使买家免于陷入田宅纠纷之中。

契约末尾，须有立契时间以及卖家、买家、中人及公证人的画押，以示契约具有公信力。常见的画押形式是在人名后画一"十"字，称"十字押"，亦有表现个性的花押等。

山西田宅交易契约的基本内容与格式，自清以降直至二十世纪六七十年代，并无太大变化，兹列举山西省平遥县立于光绪十五年（1889）、民国三十二年（1943）和1970年的3张契约，可见其中民间惯习长期传承。（图4、图5、图6）

光绪十五年张拱阳立卖地契

立卖地契人张拱阳，兹因使用不便，同母成氏将自己原分到村东庞庄圪洞白地一段，计地肆亩五分，系南北畛，东至买主，西至卖主，南北至道，四至开明。仝中言明，情愿出卖与任泰福名下为业，时值卖价□钱贰拾贰仟文正，其钱当交不欠。其地倘有违碍等情，与买主无干，有卖主一面承当，恐口难凭，立卖契为据。

光绪拾伍年三月初六日立卖地契人张拱阳立

随粮贰斗柒升

随老契一张

中人：雷子富、杨会仁、张书味、张拱肃　书

正字第叁拾号闫良庄村

民国三十二年李复良立卖地契

立卖沟地契人李复良，情因正用在急，今将祖遗本村西富畛北端沟内旱地壹段，计地壹亩柒分，东至邓文祥，西至李振荣，南至冯咸福，北至道，四至注明。情愿出卖与李守银名下，永远管业耕种，同中说合，作卖价国币捌拾圆整，此币笔下交清，毫不欠缺。此地日后倘有争差，与买主无干，有卖主一力承当。此是两出情愿，并无异言，恐后无凭，立此卖契为证。

随带官粮捌升壹合六勺又有原五亩地老契壹张

中华民国三十二年夏历九月十一日立卖沟地契人李复良

中证人：冯汝桂　代书人：李景贤　仝证

1970 年郝生荣立卖房契

立卖房契人郝生荣，今将自己座落在北汪湛南圪塔上坐东向西院内南房壹所计壹间，东至墙根，南至墙根，西至郝玉彬，北至滴水。同中说合，情愿出卖与郝玉彬名下，言明价本币柒拾元整，当日价业两清，各无异说，自之后如有亲族产邻争执或其他纠葛情事，由出卖人负责，与承买人无干，恐口无凭，立契为证。

产邻：郝玉彬

说合人：杨逢太

写契人：陈启明

公元一九七零年二月十一日立卖契人：郝生荣

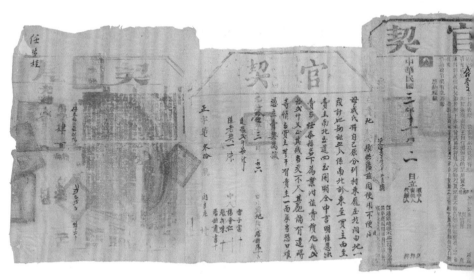

图 4　光绪十五年（1889）张拱阳立卖地契

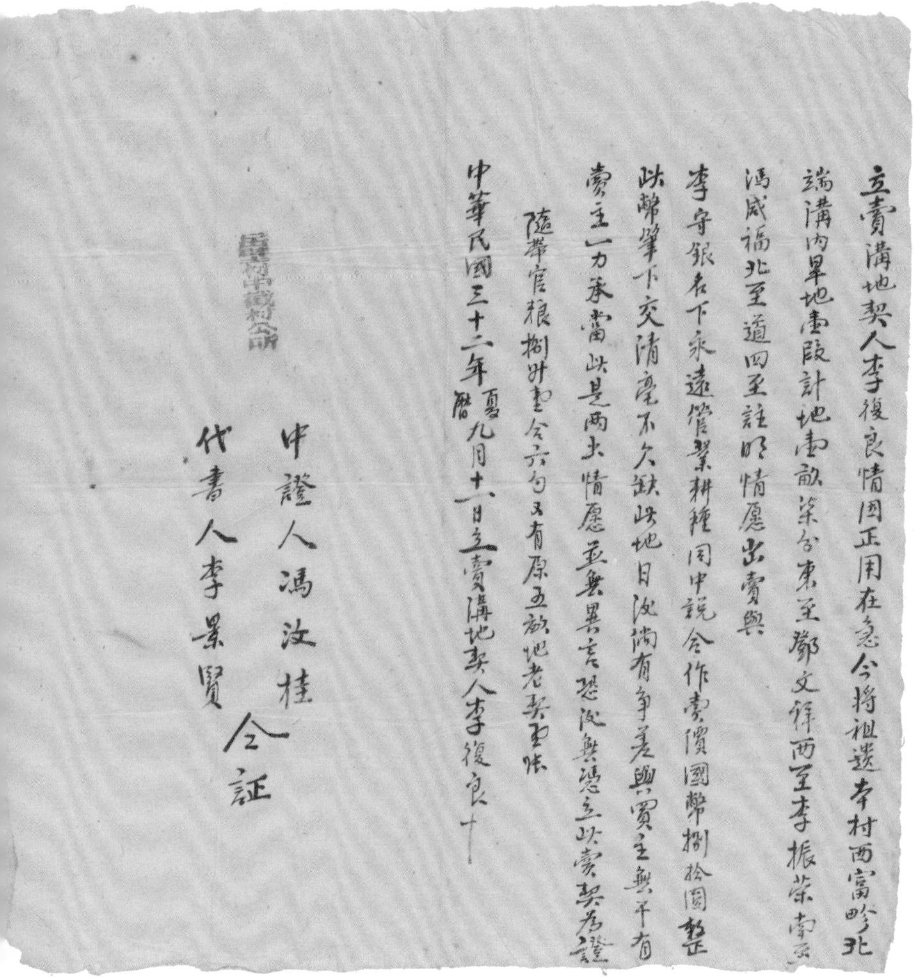

立賣溝地契人李復良情因正用在急今將祖遺本村西富畛北
端溝內旱地壹段計地壹畝柒分東至鄧文祥西至李振榮南至
馮咸福北至道四至註明情願出賣與
李守銀名下永遠管業耕種同中說合作賣價國幣捌拾圓整
此幣筆下交清毫不欠缺此地日後倘有爭差與買主無干有
賣主一力承當此是兩家情願並無異言恐後無憑立此賣契為證
隨帶官粮捌升壹合六勺又有原五畝地老契壹張
中華民國三十二年夏曆九月十一日立賣溝地契人李復良十
中證人馮汝桂 仝證
代書人李景賢

图 5　民国三十二年（1943）李复良立卖地契

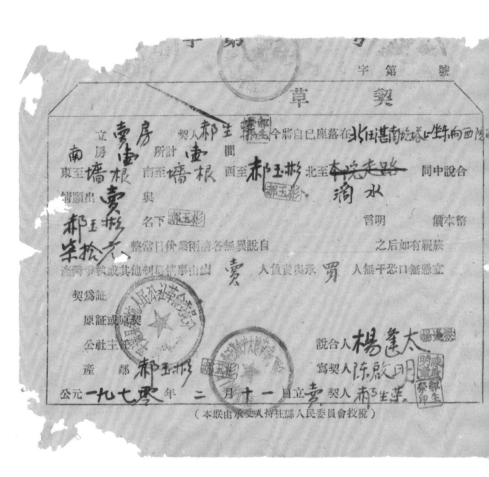

图 6　1970 年郝生荣立卖房契

三、转典与找价

民间田宅交易形式多样，人们往往依据现实情况与利益考量选择不同的交易形式，反映了民众日常生活的百态。契约文书中所记录的"转典"与"找价"是具有代表性的灵活交易行为。

"转典"属于田宅典卖的延伸。既有研究业已表明，"典"本身即具有很强的灵活性，"转典"是一种很常见的行为。龙登高、温方方的研究指出："承典人不仅可以将土地出租，或抵押贷款，还可以通过转典的形式将未来收益变现。出典土地是出典人融资的需要，出典后可继续加价，典期过后有钱可回赎，无钱亦可不赎，是出典人的自由，承典人不能够强迫出典人回赎。如果承典人需要资金而出典人又无力回赎时如何把典产变现，就涉及'转典'这种传统典权的交易，即承典人把典到的土地再次出典出去；之后，转典得到的土地也可以被再次转典，没有限制。"[7] 可见，"转典"一方面是承典人获取更大经济收益的选择，另一方面也是承典人针对出典人无法回赎的风险规避举措。

"找价"是田宅卖方向买方索取额外费用的行为。找价的原因大体有三种：一、田宅绝卖后，由于一些现实情况（如未能及时完成产权转移），田宅的时价与原价产生差距，卖方产生加价诉求。这种找价往往会产生争端，进而引发诉讼案件，如明末江南就曾盛行找价之风，而官府亦因应民情做出适当的判决；[8]二、在保留回赎的前提下，卖方可以向买方提出加价，额外的价格计入回赎金，若卖方无力回赎则视作将田宅让与买方，故找价行为在典契中非常常见；三、当卖方迫于生计压力急需钱财时，会提出找价，由于民间田宅交易大多发生于亲族同胞或同村邻里之间，从人情的角度考虑，买方也会同意找价的请求。

我们可以通过契约来具体分析"转典"与"找价"的情况，试看下面一份契约：（图7）

民国九年郝汝金立转典契

立转典地契人郝汝金，情因使用不便，今将自己原典到观音堂西白地一墢，计地五亩正，系南北畛，东至郝万泰，西至郝二牛则，南至道，北至渠，四至明白。情愿立契转典与裴继畬名下耕种作业，同中言明，时值典价周行铜元钱捌拾六千文正。期限五年为满，准地主钱到回赎，其钱当交不欠。其地日后倘有争差，有转典地人一面承管，与典主无涉，恐口无凭，立转典地契为证。

中华民国九年阴历十一月廿九日立转典地契人郝汝金

公证人李毓温

达蒲村

批：民国拾叁年阴历十月十四日同中人李成深、范定朝、郝世封，又找使周行铜元肆拾肆千文整，言明至此，五年期满，始能钱到回赎，此批郝汝金同弟妻郝张氏找价。

郝世封代批

批：民国十四年阴历二月十一日同中人田万凌，后找使周行铜元五拾千文整，言明至此，四年为满，钱到回赎。找地价钱人郝汝金同弟妻郝张氏。

后书人金凤梧□

十四年阴历二月十四日为汝金病重，伊弟妻郝张氏欲制办身后事宜，复同中说合，添找价钱贰拾千文，自此次找价后五年内不准再行转典并找价情事，此批。金凤梧代书。

找价人郝汝金同弟妻郝张氏

此契约为达蒲村村民郝汝金立，达蒲村位于平遥县，因此契为转典契，可知在郝汝金之前仍有一未知的初始出典人。据南京国民政府的调查报告称，平遥县有这样的转典习俗："典户将受典产业转典于人，若于原典档内加批转字样，交付转典户者，对于该典业即为断绝关系，日后不得主张回赎，原业主回赎时，亦不再经其手。反是，如转典时另立新契，未将原典契随去，则其原典关系仍然存在，不唯有回赎之权，业主并不得直接向转典户告赎。"[9]这表明平遥县有原典加批和另立新典两种转典方式。若交易流程为：初始出典人甲把土地出典给乙，乙又转典给丙，则原典加批指乙把转典契随于原典契之后一并交于丙，意味着乙脱离本次交易，此后的回赎或找价在甲、丙之间进行；另立新典则是乙、丙签订新典，则意味着乙保留对丙的优先回赎权，甲不得跳过乙直接向丙回赎土地。郝汝金与裴继畲的转典交易属于"另立新典"一类。

在民国九年（1920）的转典契中，写明交易内容为"原典到观音堂西白地一塅，计地五亩整"，典价"铜元钱捌拾六千文整"，期限 5 年。按通常的转典习惯，除非特殊标明，一般认为只能待转典期满后方可回赎。因此，这份转典契明确了郝汝金应在民国十四年（1925）及以后方可以捌拾六千文整的价格回赎土地。

但郝汝金在典期之内就向裴继畲找价。第一次找价发生于民国十三年（1924）阴历二月十一日，找价"肆拾肆千文整"，又约定"五年期满，始能钱到回赎"，5 年之期早已超出原来规定的民国十四年的典期，故应理解为郝汝金在找价的同时延长了典期，最终的回赎期限被推迟到民国十八年（1929），而找价也应包含于回赎的金额中，这块土地回赎价格变为壹佰叁拾千文。第二次找价发生于民国十四年阴历二月十一日，找价"伍拾千文"，"四年为满"，故这次仍以民国十八年为限，土地回赎价格变为"壹佰捌拾千文"。几天之后，因郝汝金病重，弟妻郝张氏又找价"贰拾千文"，并规定 5 年内不再转典并找价，土地回赎价格最终是"贰百千文"。

我们看不到初始出典人转给郝汝金的典契的具体内容，难以判断这块土地的确切价格，但从经济的角度推测，原本的典价应低于贰百千文铜钱。尽管并没有官方条文对找价的行为做出明确规定，但郝汝金的数次找价均有中人的签字画押，可以认定是交易双方协商的结果。以"转典""找价"为代表的民间交易行为，既脱胎于乡土生活的实际需要，具备灵活性，能够适应民众复杂的经济需求，行为规范又符合民间社会在长期生活中形成的共识与惯习，受到乡里亲族的监督。

四、结语

我国乡村田宅交易契约的内容十分丰富，本文仅展现其中一面，难免挂一漏万，其根本在于说明民间交易的多样化。实际上，民间交易的多样化意味着交易双方可以根据不同的需求，考虑市场价格与风险偏好，选取最有利的交易方式。当绝卖无法满足民众日常生活的实际需求时，自然会出现典、转典、押租等其他形式，在长期的历史流变中形成惯习。不同的交易方式，成本高低与风险偏好均不相同，只要能满足交易双方的实际需求，任何一种交易形式都有存在的合理性，交易方式越多，越能降低风险。[10]

学界关于明清以来民间田宅交易的讨论汗牛充栋，可以发现，许多民间田宅交易行为或不符合官方法律条文的规定，或逸出官方法律条文的涵盖范围，如何评价这些"不够规范"的田宅交易行为，学界仍存在争议。但不可否认的是，这些千奇百怪的交易行为都是基层民众的实践结果，充满了个人的主观能动性。正如赵晓力所言，这些交易行为符合家庭人口分化与经济分化所要求的经济活动量，越灵活的交易方式实际上促进了土地的快速流动，甚至一些亲族之间的交易充满了互惠与关怀。[11]我们在阅读民间田宅交易契约时，亦当抱有此同情之理解。

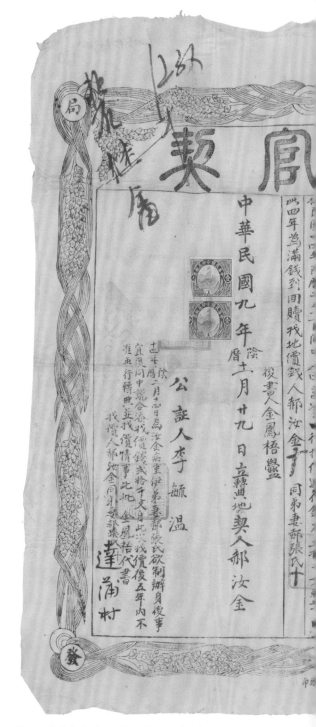

图 7　民国九年（1920）郝汝金立转典契

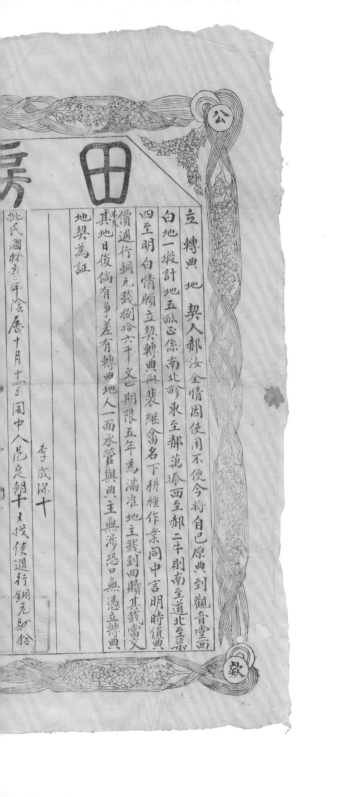

田

公

欵

立轉典地契人郝汝全情因使用不便今將自己原典到觀音堂西

白地一塅計地五畝正係南北彰東至郝萬嶠西至郝二牛則南至道北至梁

四至明白情願立契轉典與裴繼畬名下耕種作業同中言明時值典

價過行銅元錢捌拾陸千文期限五年為滿准地主錢到回贖其錢當交

其地日後倘有爭差有轉典地人一面承管與典主無涉恐口無憑立轉典

地契為証

李成深十

批民國拾叁年陰曆十月十□日同中人郝足朝又找使過行銅元叁拾

资料来源 ━━━━━━━━━━━━━━━━━━━━━━━

〔1〕金人庆编：《中国税务词典》，中国税务出版社，2000 年，第 199 页。

〔2〕金人庆编：《中国税务词典》，第 199 页。

〔3〕杨国桢：《明清土地契约文书研究》，中国人民大学出版社，2009 年，第 75 页。

〔4〕该文出自明万历年间浙江绍兴出土的晋太康五年（284）杨绍买地券，为明清文人广泛引用。见〔明〕徐渭：《送章蒲圻之官》，《徐文长全集》上册，中央书店，1935 年，第 24 页。

〔5〕学界关乎"活卖"和"典"的关系仍有争议，一些学者认为二者不同，而另一些学者主张二者都是一种有回赎条件的交易，实际差别不大。龙登高认为，"活卖"与"典"的主要差别体现在原主享有的土地权利与回赎机制两方面上。（参见龙登高、温方方：《传统地权交易形式辨析——以典为中心》，《浙江学刊》2018 年第 4 期，第 173—175 页）王正华认为，"活卖"与"典"的产生源流不同，但回赎条件的相似使得二者界限愈发模糊，百姓在生活中并不会严格区分两种交易方式。（参见王正华：《合与分：清代乡村土地交易中的典与活卖》，《中国经济史研究》2022 年第 5 期，第 110 页）

〔6〕《〔嘉庆〕钦定大清会典事例》卷一百三十六《户部九》，武英殿刻本。

〔7〕龙登高、温方方：《论中国传统典权交易的回赎机制——基于清华馆藏山西契约的研究》，《经济科学》2014 年第 5 期，第 95 页。

［8］范金民：《明代江南田宅买卖的"找价"述论》，《史林》2020年第5期，第42页。

［9］前南京国民政府司法行政部编，胡旭晟等点校：《民事习惯调查报告录》，中国政法大学出版社，2000年，第162页。

［10］龙登高、林展、彭波：《典与清代地权交易体系》，《中国社会科学》2013年第5期，第140页。

［11］赵晓力：《中国近代农村土地交易中的契约、习惯与国家法》，载《北大法律评论》编委会编：《北大法律评论》第1卷第2辑，法律出版社，1999年，第489—490页。

后记

　　以二十四史为代表的正史主要记载了帝王将相等精英人物的历史，对普通百姓的生活着墨甚少，对历史面貌的完整展现有很大局限。新史学力图突破陈旧的史学研究范式，"眼光向下"，以日常生活史为重点，关注地域史和普通人的命运。民间文书便为新史学的壮大成熟提供了丰富的材料。

　　民间文书经过长期积累，存世数量巨大。近几十年来，民间文书受到学界重视，搜集与整理日益加强，为广大民众的生活史、地域史研究提供了鲜活的史料。这些民间文书涉及的地域辽阔，时间跨度长，内容包括教育科举、司法诉讼、婚丧嫁娶、土地交易、赋税征纳、民间借贷、风俗信仰等，是全方面展现古代及近代中国人日常生活的重要史料。目前徽州文书、清水江文书等已有相当部分整理公布，大大推进了对我国古代南方普通民众社会生活的相关研究。在北方，太行山文书、清华大学图书馆藏地方文书亦逐渐公布。

清华大学图书馆现藏文书 10 余万件，其地域覆盖范围大致与华北地区重合，归户文书较多，具有很强的时间连续性。清华大学凭借这方面的丰厚收藏，整理并开展华北社会经济史的研究，很多老师和学生也开始关注这批新材料，撰写了专业的学术论文。

不过，我们还想将这批珍贵的材料介绍给更多的人，而不仅仅是专业的研究者。清华大学图书馆员和院系学生踊跃参与，撰写了一系列通俗易懂的文章，介绍中国古代尤其是明清时期普通人的生活，希望能够引起大众对中国古代生活更多的兴趣，进而关注这些生活图景的载体——民间文书。经过不懈努力，《故纸浮生：我在清华读文书》一书于 2022 年 11 月顺利出版，引起一些关注和反响。在此成果的激励下，我们筹备了这个系列的第二本书，并选取了新的主题，如印花税票、试帖诗、诉讼文书、分家书、土地税契等。其中，《清代前期山西省土地交易税契凭证的演变——以清华大学图书馆藏山西文书为中心》由清华大学历史系教授阿风撰写，《从一起房屋纠纷看 20 世纪 50 年代的人们如何打官司》由清华大学图书馆员于丽英撰写，《解析清代乡试必考的作诗题》由清华大学图书馆员郑妙苗撰写，《地方文书中的方寸天地——清华大学图书馆藏印花税票》由清华大学图书馆员马雪艳、魏成光撰写，《近代华北农村家族制度——以分家和立嗣为中心》由清华大学历史系博士生郝鑫撰写，《窥探清至民国文书中买房购地的"潜规则"》由清华大学历史系博士生唐子阳撰写。

书名"故纸重光：掩卷再闻故纸声"也寄托了不少深意。关于"故纸重光"，不少朋友会联系到《永乐大典》展览名中的"历劫重光"，那是皇家经典巨帙在人间的光辉闪耀。而过往普通人的点点微芒也需要再现，因此本书以此命名。关于"掩卷再闻故纸声"，这寥寥七个字呈现了一幅令人欣慰的景象：我们悉心翻阅着自己爱看的书，或者是自己的成果，他们和民间文书息息相关。合上书后，我们仿佛听到图书馆里的民间文书在聚集着发出他们的声音。这让我们明白，"路漫漫其修远兮"，还有更多的旧纸故籍需要我们细心翻阅和整理。

为使读者更直观地感受民间文书的样貌和形式，在对上述文章进行配图的过程中，我们最大限度地采用了高清扫描图片，保障各项特征清晰呈现，且不遗失重要信息，让这些图片能够完整还原和印证历史，并希望读者能看到更全面、更深层次的宝贵内涵。这些琐碎的地方文书，历经数十数百年流转至今，与我们今天的生活相比，既熟悉，又陌生。通过这些文书，读者不难体会到那"无穷的远方，无数的人们，都与我有关"的联系，这也是一张故纸的厚重之处。

这本小巧的书能够出版，首先感谢清华大学图书馆领导的大力支持、鼓励。感谢清华大学历史系对撰稿工作的支持。感谢刘蔷老师对本书提出的宝贵意见，使得本书越臻严谨。感谢广西师范大学出版社北京文献出版中心的领导乔祥飞和陈显英，他们一直以来对珍稀文献的开发使得很多宝贵的文书受到学界和社会的关注。